VISUAL VOCA 333　Basic

TPR 이론의 창시자 | Dr.James J. Asher

휴스턴 대학과 뉴멕시코 대학에서 텔레비전 저널리즘과 심리학으로 박사 학위를 받았다. 그 후, 워싱턴 대학과 스탠포드 대학에서 언어학, 교육심리학의 연구 생활을 계속하였다. 그는 외국어 과목에서 성적이 매우 우수하였음에도 불구하고 말하는 데에 어려움을 겪은 것을 계기로 외국어 교습법에 관심을 갖고 연구를 하여 오른쪽 뇌를 이용한 기억 방식 이론을 창안하였다. 그의 교육이론은 현재 전세계 국가에 널리 활용되며 언어 교육의 가장 효과적인 교습법으로 검증되었다.

기획 | 영춘선생

MBC 생방송 화제집중, SBS 출발 모닝와이드, KBS 시사투나잇에 소개된 UCC 스타 영어 강사 타이거 마스크를 쓰고 영어를 강의하는 영춘선생의 모토는 '영어 공부는 무조건 재미있어야 한다'로 그의 영어 강의 동영상은 항상 유행어와 웃음이 가득하다. 영춘닷컴(www.youngchoon.com)의 대표로 일하면서 영어 왕초보들이 겪는 고민들을 직접 만나서 듣고 기획한 이 책은 영어 왕초보들에게 반드시 도움이 될 것이다.

영어1팀

Dian Escurel, Ella Banta, Jocelyn Cabigon, Ma. Lourdes Madrona,
Jacquline Morados, Miguel Angelo Villanueva, Carmela Arillo, April Diana Say-ao
다년간 영어를 처음 배우는 한국 사람들만을 대상으로 온라인 영어 강의를 진행해 오고 있으며 오랜 강의를 바탕으로 한국인들에게 적합한 영어 문장을 선택하였다.

영어2팀

Kayla Wilson and Devin Wilson
미국, 캐나다, 영국에 거주하다 지금은 한국에서 영어를 가르치고 있으며 이 책은 실제 원어민들이 많이 쓰는 문장으로 구성하였다.

번역 | 정대단

서울대학교 법과대학 졸업 후 프리랜서 번역사로 활동 중.

일러스트 | 김민재 손지연 조현아

ENGLISH ICE BREAK
VISUAL VOCA 333 BASIC

1판 1쇄 발행 2009년 6월 22일 **1판 6쇄 발행** 2009년 9월 11일
펴낸이 정중모 **펴낸곳** Watermelon English Company **기획** 영춘선생 **책임편집** 김계향
디자인 김해연 이아름 **제작** 송정훈 윤준수 **영업** 남기성 김정호 김경훈 박치우
관리 김명희 박금란 김은경 **등록** 2003년 9월 3일(제300-2003-162호)
주소 서울시 마포구 동교동 203-52 **전화** 02-3144-3700 **팩스** 02-3144-0775
홈페이지 www.engicebreak.com **이메일** editor@yolimwon.com

* 책값은 뒤표지에 있습니다.
ISBN 978-89-91747-20-3 03840

VISUAL VOCA 333 Basic

★ Don't Study!

★ Don't Repeat!

★ Just Imagine & Listen

Watermelon

★이 책을 위한 친절한 영춘선생의 부가 설명

1. boyfriend는 boy와 friend가 합쳐진 단어입니다.
333단어 안에 boyfriend는 없고 boy와 friend라는 단어가 있기 때문에
Boyfriend는 한 단어로 취급하였습니다. (girlfriend 또한 한 단어로 하였습니다.)
-

2. 영어를 처음 배우는 초보자들을 위하여 단축형은 사용하지 않았습니다.
물론 영어에서 단축형을 사용할 때 말의 의미가 달라지겠지만
지금 꼭 알아야 하는 것은 아닙니다. ex) don't , doesn't, let's , isn't 등
-

3. 이 책은 영어를 처음 배우는 초보자를 위해 한글 번역 시 최대한 직역을 하였습니다.
직역을 원칙으로 했으나 의미 전달이 되지 않을 때에는 일부 의역을 하였습니다.
-

4. 한 단어가 문장 내에서 다양하게 쓰이는 것을 보여 주려고 여러 뜻으로 번역하였습니다.
예를 들면, You의 경우도 당신, 너 등의 여러 가지 표현을 사용한 이유 또한 다양한 표현으로 사용되는
예를 보여주려는 것입니다.
-

5. 단어의 그림은 일반적으로 많이 쓰이는 뜻으로 그렸습니다.
-

6. 그림을 보고 1초 만에 이해가 안 간다고 화내시면 안됩니다.
이 책을 미리 학습하신 분들께서 그림을 보며 고민했던 영어 문장이 더욱 오래 기억에 남는다고
하였습니다. 그래서 중요하다고 생각되는 문장은 의도적으로 한번 더 생각하는 그림으로 그렸습니다.
영어는 영어 자체로 이해하는 것이 가장 빨리 영어를 습득할 수 있는 방법입니다.
번역을 붙인 이유는 사전을 찾아야 하는 번거로움을 덜기 위해서지 번역을 보고 한글로 이해를 하라는 것이
절대 아닙니다. 완벽한 번역을 원하시는 분은 번역 관련 책을 보고 직접 번역을 해 보면 학습 효과가
더욱 상승됩니다. 완벽한 번역이 끝나신 분은 영춘선생께 연락 부탁드립니다.
(영춘선생과의 '무료 일일 데이트 초대장'을 제공해 드리겠습니다.)

Preface

1500단어도 아니고 500단어도 아닌 333단어가 부담이 되나요?

이 책의 그림을 통해 333개의 단어를 자연스럽게 익힐 수 있습니다. 자연스럽게 익힌 단어를 바로 1800여 개의 문장으로 말할 수 있게 구성되었습니다.

333단어만 알면 2단어로 구성되어 있는 문장에서 12단어로 구성된 문장까지 당신의 입으로 1800문장을 말할 수 있습니다.

막연히 영어가 어렵다고 생각하는 분들을 위해 만들어진 책으로 가만히 따라가다 보면 어느새 영어와 친해져 있는 여러분의 모습을 발견하게 됩니다.

지겨운 연습장과 펜은 치워버리고 눈으로만 보세요.

이 책은 전체가 그림으로 표현된 영어 책입니다. 그림이 주는 효과는 크게 두 가지인데, 하나는 보는 즉시 내용을 알게 해 준다는 것과 또 하나는 우뇌를 자극해 기억하기 쉽게 해 주는 것입니다.

망각 곡선에 근거한 자연스런 반복

이 책에 나와있는 333개의 단어들은 불규칙적으로 여러 번 반복됩니다. 보통 7번 정도의 우연한 만남이 있어야 대상을 확실히 기억할 수 있다고 하는데 자연스런 반복을 통해 영어의 기본을 여러분 몸에 확실히 익힐 수 있게 도와 줄 것입니다.

How to use this book

이 책 하나로 영어 읽기, 말하기 그리고 듣기를 동시에

❶ [영어 읽기] 책에 있는 그림을 보면서 단어와 문장을 눈으로 읽습니다.

그림을 보며 단어와 문장을 익힙니다.
그림으로 한눈에 문장을 이해할 수 있게
도와줍니다.

---

❷ [영어 듣기] Visual Voca 333 Mp3를 청취합니다.

MP3를 들으면서 원어민의 정확한 발음을 익히고
미리 보았던 그림을 상상하면서 들어 보세요.
그림으로 기억된 문장과 Mp3파일이 함께
머릿속에 기억 되면 본인이 영어로 말을 해야 할 때
어렵지 않게 문장을 떠올릴 수
있습니다.

---

❸ [말하기] Review 부분을 소리 내어 읽는다.

각 Chapter 들이 끝난 후 Review 페이지에는 영어 문장과 그림이 나와
있습니다. Review 부분을 소리 내어 읽으면서 영어를 익힙니다.
박지성 선수의 축구 경기를 아무리 많이 봐도 박지성 선수의 축구 실력이
되지 않는 것은 직접 운동장에서 공을 차지 않기 때문입니다.
영어를 아무리 많이 들어도 본인이 직접
소리 내어 말하지 않는다면
영어는 늘지 않습니다.

Talk, talk and talk about this book

"공부하는 책이라기 보다는 만화책 같은 책"

이런 종류의 책이 최근에 많이 나와서 또 그런 책이 나왔구나 라고 생각했는데 333단어의 한정적인 수로 1800문장을 만든 다는 게 끌려서 읽어 봤는데 술술 넘어 가다 보니 어느 덧 12단어로 된 문장까지 구사가 가능하더군요. 놀랍습니다. 배민성, 32세, 영국 유학 준비중

"문법에는 자신이 있지만 항상 영어 말하기가 문제였습니다."

중고등학교 때 배웠던 문법은 기억이 나지만 영어 말하기가 항상 문제였습니다. 이 책을 보고 나서 이렇게 영어로 말하는 게 쉬운지 몰랐습니다. 좋은 책을 만들어 주신 영춘선생님께 감사드립니다. 문민호, 31세, 대학원생

영어 읽기, 말하기, 듣기까지 동시에 다 할 수 있는 책이네요.
김나영, 29, 패션디자이너

그림으로 단어와 문장을 기억하니까 훨씬 쉽게 외우고 더 오래 기억되는 것 같아요!
김현진, 29세, 직장인

단어가 계속 반복되어서 외우기 싫어도 그냥 외워져요.
김영기, 27세, 대학원생

눈으로만 공부할 수 있다는 게 이런 거군요. 그리고 책이 너무 예뻐서 계속 보게 돼요.
장세희, 31세, 대학원생

내 아들이 기획한 책이라서가 아니라 정말 뒤늦은 나이에 영어 공부를 다시 시작할 수 있게 만들어 준 책이에요.
노혜정, 58세, 어린이집 교사

진짜 333단어로 1800문장을 말할 수 있어요.
신요한, 32세, 사회복지사

| 영어 왕초보를 위해 드리는 **영춘선생의 영어 공부 설명서** |

한국에서 나오는 많은 영어 관련 서적이나 학습법을 보면 정말 이런 학습 방법들이 '정말 영어 왕초보에게 도움이 되나?' 라는 생각이 듭니다.
대부분 쉽게 배우는 영어 학습법이라고는 하지만 대부분의 한국인들에게 해당하는 영어 왕초보들은 여전히 영어공부가 어렵습니다.

아래는 많은 영어 전문가 분들께서 추천하시는 국내에서 익히는 영어 학습법입니다.

    길가는 원어민을 헌팅하세요.
____ 자! 헌팅을 했다 치자 말이 안 통하는데 뭘 어떻게 하라는지. 입장은 바꿔서, 길가는 외국인이 한국어를 배우려고 당신을 헌팅했다고 치자 길가던 당신이 그 외국인이 정말 화려한 외모가 아닌 이상에 당신이 한국어를 가르쳐 줄까?
    좋은 원어민 친구는 내 영어 개인교사가 될 수 있다.
____ 돈이 많이 들더라. 원어민 친구 사귀기야 말이야 쉽지 특히 남자인 경우는 외국인 여성들에게 관심 끌기가 솔직히 어려운 게 사실이다. 인정하자.
    한국에서 영어권 문화를 즐기세요.

___ 이태원으로 영어권 문화를 즐기러 갔는데 우리끼리 놀다 왔다. 글고 이태원 솔직히 무섭더라.

　　　미드로 영어 공부를 하세요.

___ 못 알아 들으니까 자막만 봤다. 자막 없이 보니까 뭔 말인지 알 수가 없어서 10분 보다 잤다.

　　　영자 신문을 활용해서 영어 공부를 하세요.

___ 영자 신문을 읽을 정도면 영어 공부 안한다.

　　　영어로 읽은 내용을 요약해서 정리하세요.

___ 재밌군. 읽은 내용이 이해도 안가는 데 요약해서 정리까지 하라. 내 미국 친구한테 조선일보 던져주면서 읽고 요약하라고 하면 날 욕하겠지?

　　　영작, 많이 써보년 실력이 향상된다.

___ 말했지? 녕어 일기 2쭐 쓰는 것도 힘들다고…차라리 '미국에 10년 가서 영어 공부하세요' 가 더 설득력 있는 것 같은데. 근데 직장 때려 치고 미국 기서 10년 영어 공부할 동안 체류비는 누가 내주지? 애들 학원비는?

영춘선생이 하고 싶은 말은 이겁니다.

"영어 면접을 준비하는 구직자에게는 1차적 목표로 영어 면접만 대비할 수 있을 만큼의 영어 실력을 갖추면 됩니다. 그 다음 본인의 업무에 맞는 영어를 공부하는 것을 2차 목표로 잡으면 됩니다."

영어 면접을 준비하는 사람이 CNN뉴스 강의를 들어봐야 직접적인 도움이 되지 않습니다.

작년에 한국에서 미드 열풍이 불어 닥쳤을 때 너도 나도 미드를 보며 영어 공부를 하겠다고 했습니다. 영어 왕초보가 백날 미드만 보고 있으면 영어가 어떻게 느는지 누구 하나 진지하게 설명을 해주지 않고 그냥 미드는 흥미와 영어 공부를 동시에 잡을 수 있다고 했습니다.

영어 왕초보가 아무것도 안하고 1년 동안 미드만 보면 아마 영어가 늘겠지만 한국에서 직장인들이나 대학생들에게는 직장 출근이나 학교에 등교하지 않고 미드만 보는 것은 불가능한 일입니다. 영어 하나를 위해 학교와 직장을 나가지 않을 수는 없으니까요.

 영어가 늘기 위해서 왕초보들에게 필요한 것은 자신감, 정확하고 이룰 수 있다는 목표 그리고 끈기입니다. 직장 그만두고 영어만 매달리면 영어 못할 사람이 어디 있겠냐 만은 현실적으로 어려운 일입니다. 그래서 영춘선생이 영어 왕초보들에게 제안하는 영어 학습법이 아래의 내용입니다.

영어 말하기를 시작하는 영어 왕초보은 기본적인 영어 말하기를 1차적인 목표로 세우고 영어를 공부하면 됩니다. 영어 기본단어 300여 단어만 알면 1800여 문장을 구사할 수 있습니다. 결코 많지 않은 양입니다. 이 정도만 목표로 잡고 시작하면 됩니다.

영어로 '리먼 브라더스의 파산'에 관해서 토론을 할 정도를 목표로 잡는다면 다년 장기 계획을 세워야 합니다. (대부분의 한국 사람과 같이 한국에서 영어 공부를 한다는 조건입니다.)

그리고 끈기입니다. 영어를 3개월에 마스터 해서 영어 발표와 영어 토론을 하기는 솔직히 무리입니다. 뭐든지 마찬가지입니다. 포토샵을 배우건 대학 졸업장을 따기 위해 공부를 하건 정해진 기간이 있습니다. 개인적으로 차이가 있을 수 있지만 어느 정도의 기간은 감수해야 합니다.

영어는 공부가 아니고 본인이 의사 표현을 할 수 있는 방법 중 하나입니다. 사랑하는 사람이 있다고 생각해 봅시다. 한국 사람이면 '사랑합니다.'라고 말하면 되고 미국 사람이면 'I love you'라고 말하면 됩니다.

영어 말하기는 절대로 공부가 아닙니다. 단순한 의사 표현의 방법 중 하나일 뿐입니다.

Contents

VISUAL VOCA333
Basic

2words	★10Page
Review	★39Page
3words	★51Page
Review	★77Page
4words	★89Page
Review	★121Page
5words	★133Page
Review	★165Page
6words	★177Page
Review	★269Page

7words
Review
8words
Review
9 words
Review

VISUAL VOCA333
Intermediate

VISUAL VOCA333
Advanced

10words
Review
11words
Review
12 words
Review

Speaking English

using **2Words**

"2단어로 영어를 말할 수 있어요!"

미래를 위한 가장 위대한 투자는
당신이 출퇴근 시간에
이 책을 읽는 것이다. _영춘선생

 **2 words**

001

| Up | Come up. |

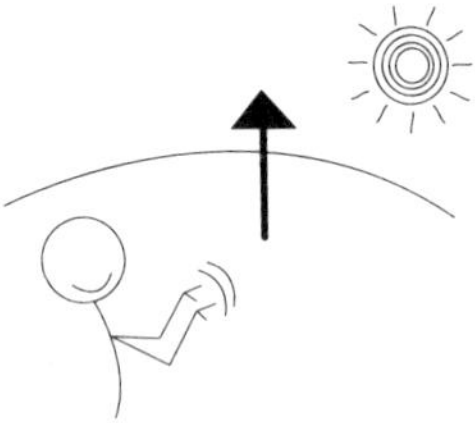

002

| Get | Get up |

003

| Answer | Answer him. |

Come up 떠올라라 **Get up** 일어나라 **Answer him** 그에게 대답해라

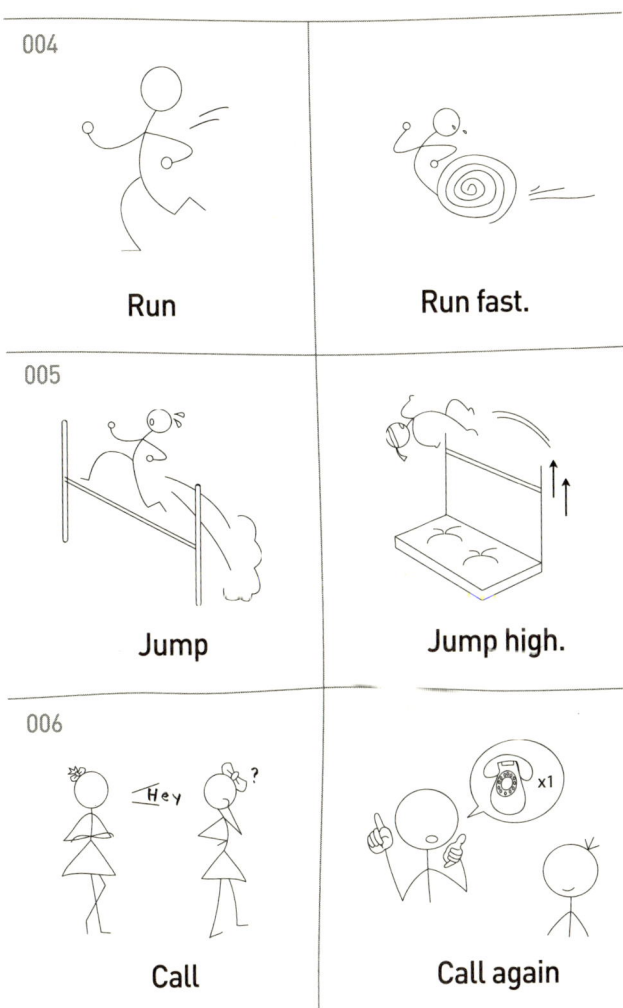

Run fast 빨리 달려라 Jump high 높이 뛰어라 Call again 다시 전화해라

Remember her 그녀를 기억해라 **Children play** 아이들이 논다 **Be kind** 친절하게 굴어라

Stop crying 그만 울어라   Learn something 뭔가를 배워라   Leave now 지금 떠나라

Say something 무언가를 말해라 **Get inside** 안으로 들어가라 **He tried** 그는 노력했다

Read more 더 읽어라 **Hold on** 기다려라 **Which school?** 어느 학교?

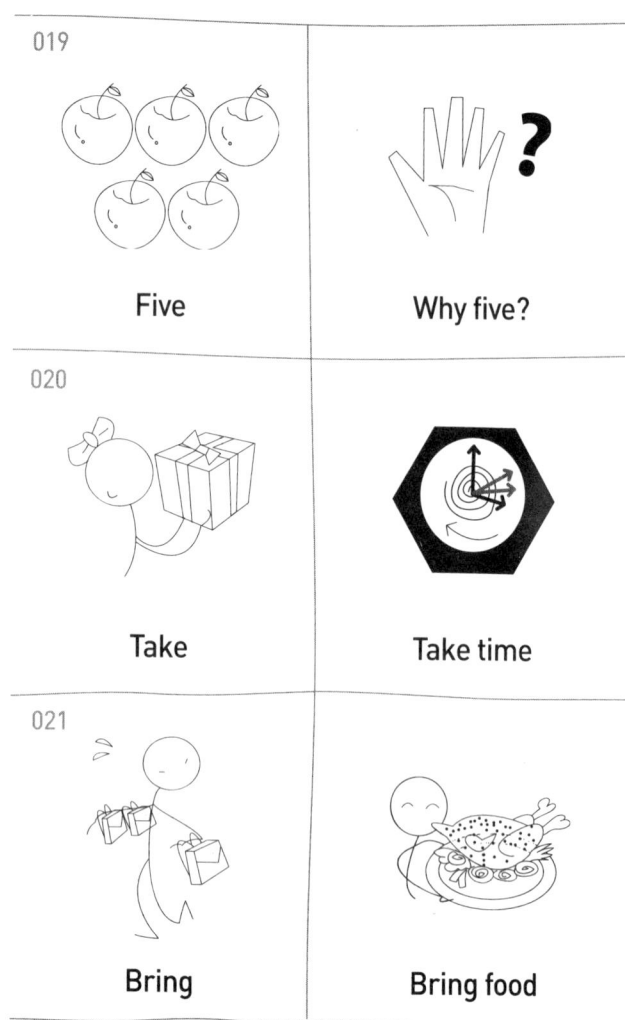

Why five? 왜 다섯이지? **Take time** 시간을 가져라(천천히 해라) **Bring food** 음식을 가져와라

Keep right 오른 쪽을 유지해라 **Think hard** 열심히 생각해라 **Help us** 우리를 도와라

025 Later / Come later

026 Dancing / Keep dancing

027 Us / Call us

Come later 나중에 와라 **Keep dancing** 계속 춤춰라 **Call us** 우리에게 전화해라.

Never answer 절대 대답하지 마라 Do better 더 잘해라 Many spoke 많은 이가 말했다

Remember them 그들을 기억하라 **They waited** 그들은 기다렸다 **Find them** 그들을 찾아라

Read again 다시 읽어라 **Show us** 우리에게 보여줘라 **Back off** 물러서라

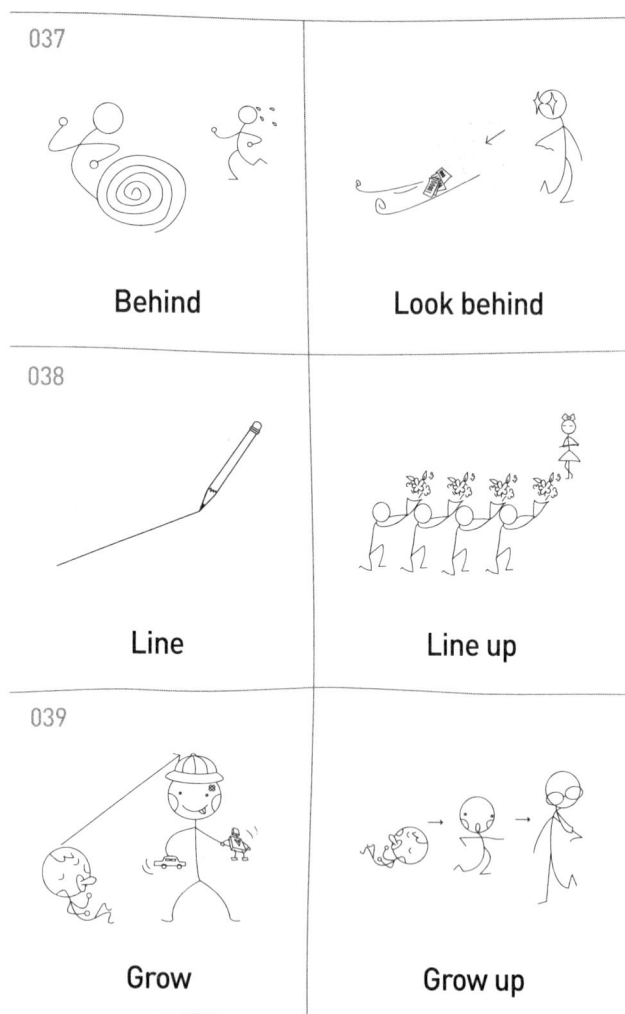

037

Behind | **Look behind**

038

Line | **Line up**

039

Grow | **Grow up**

Look behind 뒤를 봐라 Line up 줄 서라 Grow up 어른이 되어라

040	
Ride	Ride on

041	
Move	Great move!

042	
Sound	Sound off

Ride on 타라 **Great move!** 잘했어! **Sound off** 큰 소리로 말해라(주장을 강하게 말해라)

Sure thing 확실한 것 **I think ~** 나는 ~ 생각한다 **Be still** 가만히 있어라

046
Fast — **Think fast**

047
Dancing — **Stop dancing**

048
Jogging — **Keep jogging**

Think fast 빨리 생각하라 Stop dancing 춤추기를 멈춰라 Keep jogging 계속 조깅해라

Go there 거기로 가라 **Come here** 여기로 와라 **Call me** 나에게 전화해라

052 Something / Eat something

053 Hard / Try hard

054 Again / Try again

Eat something 무엇인가 먹어라 **Try hard** 열심히 노력해라 **Try again** 다시 시도해라

Get out 밖으로 나가라 **Wait here** 여기서 기다려라 **I see** 그렇군요

058

Look

Look up

059

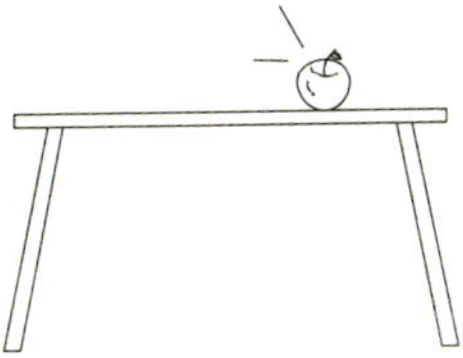

On

Read on

060

It

Do it!

Look up 위로 봐라 **Read on** 계속 읽어라 **Do it!** (그것을) 해래!

061	
Good	Be good

062	
Help	Help me

063	
This	Try this

Be good 착하게 굴어라 **Help me** 나를 도와라 **Try this** 이것을 해봐라

064	
Try	Try it

065	
Me	Try me

066	
Give	Give up

Try it 그것을 해봐라 **Try me** 덤벼봐 **Give up** 포기해라

Go home 집으로 가라 Do this 이것을 해라 Love them 그들을 사랑해라

070	
Heard	They heard
071	
Left	They left
072	
Again	Think again

They heard 그들이 들었다 **They left** 그들이 떠났다 **Think again** 다시 생각해라

Think first 먼저 생각해라 **Call Father** 아버지에게 전화해라 **Stop it!** 멈춰!

2Words
Review

영출선생이 일러주는 Review 활용법!

1. 그림과 문장을 보고 의미를 파악합니다.
되도록이면 해석을 보지 않고 영어 그대로의
의미를 파악하도록 노력하세요!

2. MP3로 Review 부분을 들으면서 네이티브들의 정확한 발음을 청취합니다.
네이티브들의 문장은 두 번씩 반복 됩니다.
처음에는 발음을 청취를 하고 두 번째는 조용히 따라 읽습니다.

3. 이제 Review 부분을 큰 소리 내어 읽습니다.
영어는 마음속에 담아두기 위해 배우는 언어가 아닙니다.
마음껏 소리치면서 읽으세요!
단, 전철이나 버스 같은 대중교통에서 책을 읽으시는 분들은
주위 사람들에게 피해가 가지 않게 특별히 조심해 주세요!

★주로 대중교통을 이용하는 영춘선생이 이 책을 들고 다니시는 분을 뵙게 되면
  친필 싸인을 즉시 제공하겠습니다.

Review

→ 001

Come up.

013 ←

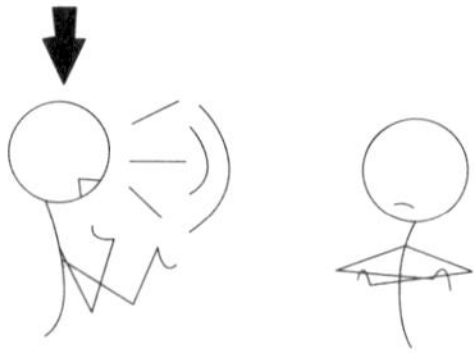

Say something

→ 002

Get up

014 ←

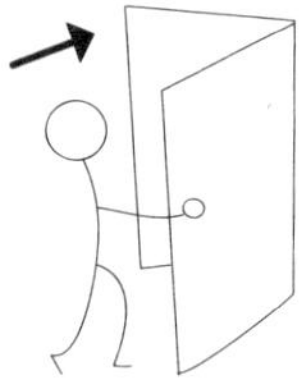

Get inside

→ 009

Be kind

015 ←

He tried

→ 021

Bring food

032 ←

They waited

→ 025

Come later

033 ←

Find them

→ 027

Call us

037 ←

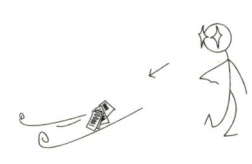

Look behind

→ 050

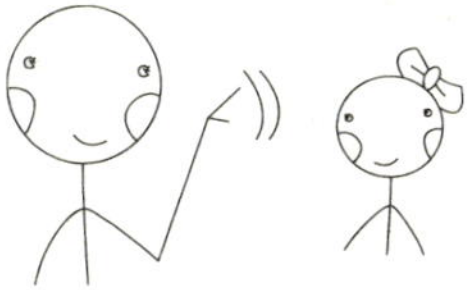

Come here

056 ←

Wait here

→ 051

Call me

057 ←

I see

→ 055

Get out

061 ←

Be good

Help me	Do this
Try this	Think first
Go home	Call Father

→ 016

Read more

044 ←

I think~

→ 017

Hold on

024 ←

Help us

→ 022

Keep right

028 ←

Never answer

→ 029 | 036 ←

Do better | Back off

→ 034 | 040 ←

Read again | Ride on

→ 035 | 041 ←

Show us | Great move!

→ 046

Think fast

052 ←

Eat something

→ 047

Stop dancing

053 ←

Try hard

→ 048

Keep jogging

054 ←

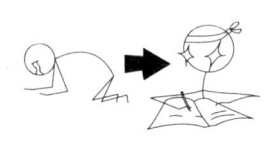

Try again

→ 058 | 064 ←

Look up

Try it

→ 059 | 066 ←

Read on

Give up

→ 060 | 072 ←

Do it!

Think again

Review **49**

Speaking English

using **3words**

"3단어로 영어를 말할 수 있어요!"

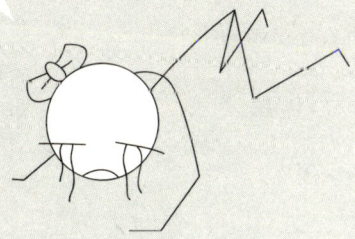

이 책이 지겨워 지는가?
당신의 인생은 지긋지긋해 질것이다. _영춘선생

3 Words

001
People

Tell the people

002
Nine

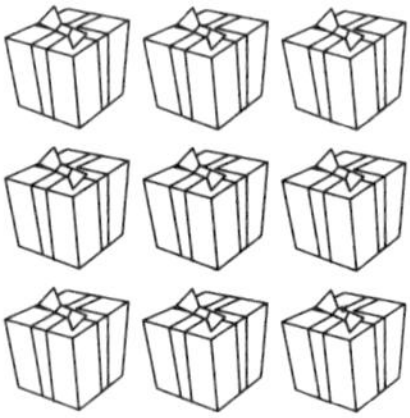

Remember number nine

003
Kind

Youngchoon is kind

Tell the people 사람들에게 말해라 **Remember number nine** 숫자 9를 기억하라
Youngchoon is kind 영춘은 친절하다

She gave up 그녀는 포기했다 **They are good** 그들은 착하다 **Wish some more** 좀더 바라라

She brought food 그녀는 음식을 가져왔다 **They found him** 그들이 그를 찾았다 **Keep three parts** 세 부분을 유지하라

Several left today 몇몇이 오늘 떠났다 **The fire started** 불이 났다 **She meant it** 그녀는 그것을 의미했다

We have hope 우리는 희망을 가지고 있다 **Eat enough food** 충분한 음식을 먹어라 **Wait for them** 그들을 기다려라

It is cold 춥다 **Close every door** 모든 문을 닫아라 **The king spoke** 왕이 말했다

Start making money 돈을 벌기 시작해라 **Face the group** 그들을 정면으로 대하라 **She came home** 그녀는 집으로 왔다

022

Hot

Try something hot

023

Great

This is great

024

Line

Break the line

Try something hot 뭔가 뜨거운 것을 먹어봐라 **This is great** 대단하다 **Break the line** 그 선을 돌파하라

025

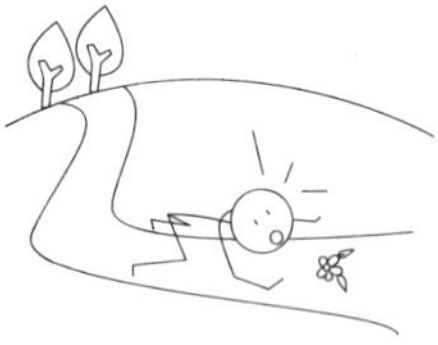

Find

Find a room

026

Together

Come over together

027

You

You are funny

Find a room 방을 찾아라 **Come over together** 함께 와라 **You are funny** 너는 재미있다

Make a name 이름을 지어라 **I knew it** 난 그것을 알았다 **Draw five men** 다섯 명의 남자들을 그려라

031 An / Give an example

032 Letter / Read the letter

033 Five / Five men waited

Give an example 하나의 예를 들어라 **Read the letter** 그 편지를 읽어라 **Five men waited** 다섯 명의 남자가 기다렸다

They can fly 그들은 날 수 있다 **Make a sentence** 문장을 만들어라 **You are next** 네가 다음이다

037 Important / It is important

038 This / This is enough

039 A / Light a fire

It is important 그것은 중요하다 This is enough 이것은 충분하다 Light a fire 불을 붙여라

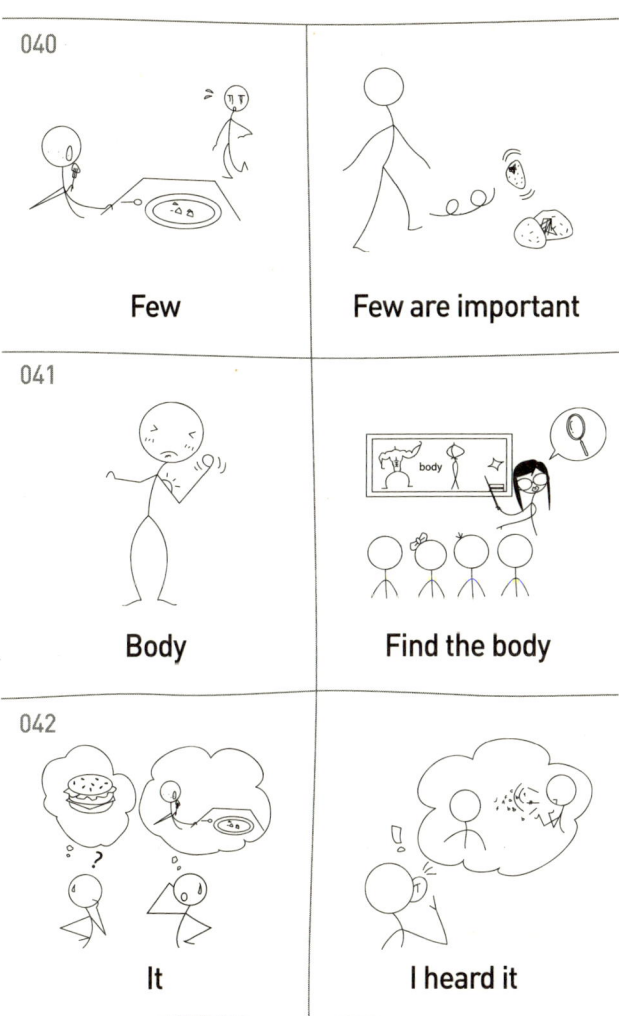

Few are important 중요한 것들은 거의 없다 **Find the body** 몸통을 찾아라 **I heard it** 그것을 들었다

043

Left

I left early

044

Sound

They sound different

045

Wished

You never wished

I left early 나는 일찍 떠났다 **They sound different** 그것들은 다르게 들린다 **You never wished** 너는 결코 바라지 않았다

Give him hope 그에게 희망을 주어라 We saw them 우리는 그들을 봤다 Look at him 그를 보아라

She asked again 그녀가 다시 물었다 We made love 우리는 사랑을 나누었다 I knew nothing 난 아무 것도 몰랐다

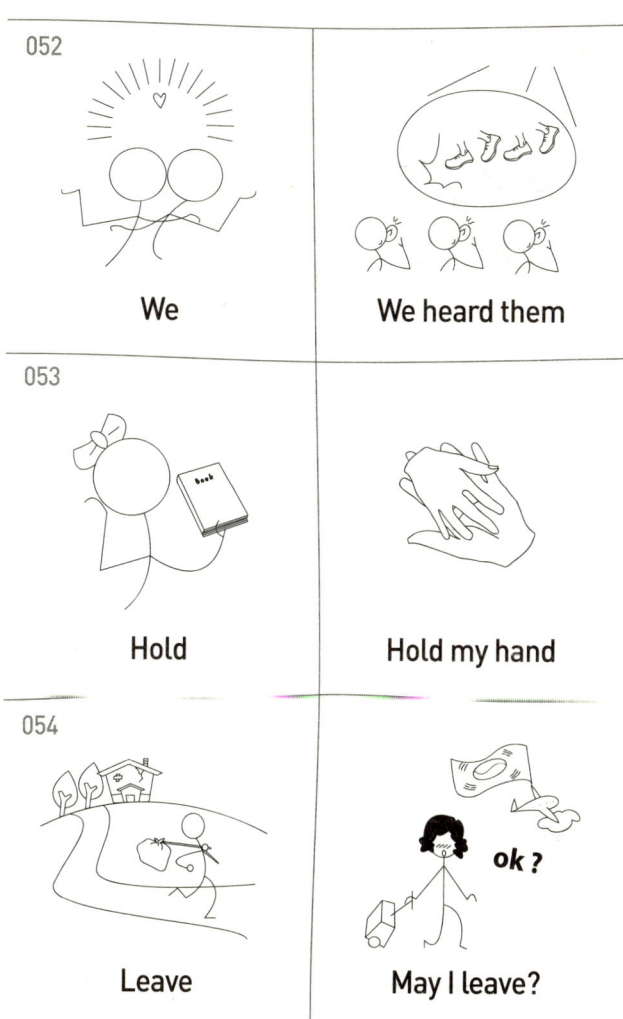

052 We | We heard them

053 Hold | Hold my hand

054 Leave | May I leave?

We heard them 우리는 그들(의 소리를)을 들었다 **Hold my hand** 내 손을 잡아라 **May I leave?** 내가 떠나도 될까요?

Today is warm 오늘은 따뜻하다 **Young people helped** 젊은 사람들이 도왔다 **Make him talk** 그를 말하게 만들어라

The class laughed 그 학급은 웃었다 **Go behind them** 그들 뒤로 가라 **Be my friend** 내 친구가 되어라

Live next door 옆집에 살아라 **Play until night** 밤까지 놀아라 **Parents are ready** 부모들은 준비가 되었다

064 Back — Come back soon

065 Near — Draw near me

066 Morning — Wait until morning

Come back soon 빨리 돌아와라 **Draw near me** 내 가까이 다가와라 **Wait until morning** 아침까지 기다려라

067 Found | I found money

068 Knew | I knew them

069 Later | Call me later

I found money 나는 돈을 찾았다 I knew them 나는 그들을 알았다 Call me later 나중에 전화해라

Call me again 내게 다시 전화해라 **I love you** 나는 너를 사랑한다 **I like you** 나는 너를 좋아한다

073

Are  | Are you ready?

074

Am 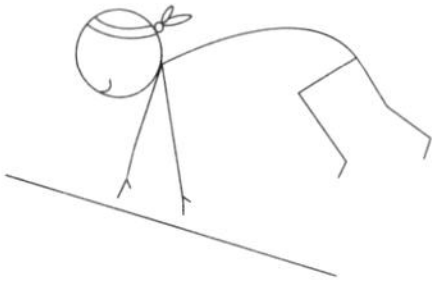 | I am ready

075

With  | Come with me

Are you ready? 너는 준비 되었니? **I am ready** 난 준비되었다 **Come with me** 나와 함께 가자

3words
Review

영준선생이 일러주는 Review 활용팁!

1. 그림과 문장을 보고 의미를 파악합니다.
되도록이면 해석을 보지 않고 영어 그대로의
의미를 파악하도록 노력하세요!

2. MP3로 Review 부분을 들으면서 네이티브들의 정확한 발음을 청취합니다.
네이티브들의 문장은 두 번씩 반복 됩니다.
처음에는 발음을 청취를 하고 두 번째는 조용히 따라 읽습니다.

3. 이제 Review 부분을 큰 소리 내어 읽습니다.
영어는 마음속에 담아두기 위해 배우는 언어가 아닙니다.
마음껏 소리치면서 읽으세요!
단, 전철이나 버스 같은 대중교통에서 책을 읽으시는 분들은
주위 사람들에게 피해가 가지 않게 특별히 조심해 주세요!

★주로 대중교통을 이용하는 영춘선생이 이 책을 들고 다니시는 분을 뵙게 되면
친필 싸인을 즉시 제공하겠습니다.

Review

→ 001 | 008 ←

Tell the people	They found him

→ 003 | 009 ←

Youngchoon is kind	Keep three parts

→ 007 | 014 ←

She brought food	Eat enough food

→ 015 | 025 ←

Wait for them | Find a room

→ 019 | 026 ←

Start making money | Come over together

→ 021 | 027 ←

She came home | You are funny

Review **79**

Give an example

This is enough

Read the letter

Light a fire

It is important

I left early

They sound different

I knew nothing

She asked again

Today is warm

We made love

Young people helped

→ 057 | 005 ←

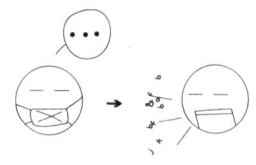 

Make him talk | **They are good**

→ 061 | 010 ←

Live next door | **Several left today**

→ 004 | 011 ←

She gave up | **The fire started**

→ 012 | 018 ←

| She meant it | The king spoke |

→ 016 | 022 ←

| It is cold | Try something hot |

→ 017 | 023 ←

| Close every door | This is great |

→ 029

I knew it

036 ←

You are next

→ 034

They can fly

040 ←

Few are important

→ 035

Make a sentence

042 ←

I heard it

→ 046 | 053 ←

Give him hope | Hold my hand

→ 047 | 054 ←

We saw them | May I leave?

→ 052 | 058 ←

We heard them | The class laughed

→ 059

Go behind them

067 ←

I found money

→ 060

Be my friend

068 ←

I knew them

→ 064

Come back soon

069 ←

Call me later

Speaking English

using **4Words**

"4단어로 영어를 말할 수 있어요!"

지금 자면 꿈을 꾸지만 지금
이 책을 읽으면 꿈을 이룬다. _영춘선생

4 Words

001

Never | **Never ride at night**

002

Together | **We go jogging together**

003

Family | **My family is listening**

Never ride at night 밤에는 절대 타지 말아라 **We go jogging together** 우리는 함께 조깅하러 간다 **My family is listening** 나의 가족이 듣고 있다

You must answer now 너는 지금 대답해야 한다 **Draw a line again** 선을 다시 그려라
Rest for an hour 한 시간 동안 쉬어라

Tell them a story 그들에게 이야기를 해주어라 **Do you remember them?** 너는 그들을 기억하니? **She spoke without smiling** 그녀는 웃지 않고 말했다

Fire those people now! 저 사람들을 당장 해고해! **They may part again** 그들은 다시 헤어질지도 모른다 **Both parents left today** 오늘 부모님 두 분 다 떠나셨다

013

Crying

He saw me crying

014

Name

Name your friend Youngchoon

015

Money

They want more money

He saw me crying 그는 내가 우는 것을 봤다 **Name your friend Youngchoon** 네 친구를 영준이라고 명명해라 **They want more money** 그들은 더 많은 돈을 원한다

016

Nothing

Nothing good was found

017

Held

I held his hand

018

Listening

I was really listening

Nothing good was found 올바른 것은 아무 것도 발견되지 않았다 **I held his hand** 나는 그의 손을 잡았다 **I was really listening** 나는 정말로 듣는 중이 었다

019

Children

Six little children came

020

Shown

I have shown something

021

Every

Every part is important

Six little children came 여섯 명의 작은 아이들이 왔다 I have shown something 나는 무엇인가를 보여주었다 Every part is important 모든 부분이 중요하다

Some people started listening 몇몇 사람들이 듣기 시작했다 They have seen us 그들은 우리를 보았다 We will thank him 우리는 그에게 감사할 것이다

025

Helped

The king helped them

026

Grow

Children grow so fast

027

Might

I might sound funny

The king helped them 왕이 그들을 도와줬다 Children grow so fast 아이들은 정말 빠르게 자란다 I might sound funny 내 말이 우습게 들릴지도 모른다

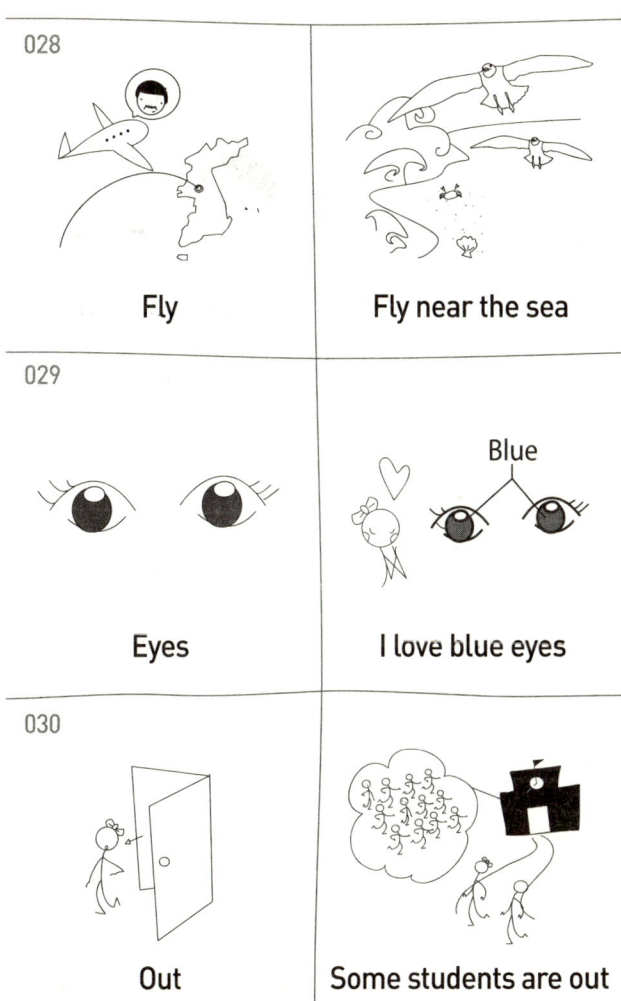

028	
Fly	Fly near the sea

029	
Eyes	I love blue eyes

030	
Out	Some students are out

Fly near the sea 바다 가까이에서 날아라 **I love blue eyes** 나는 파란 눈을 좋아한다
Some students are out 몇몇 학생들은 밖에 있다

Give it a name 그것에 이름을 붙여라 We both gave up 우리 둘 다 포기했다 I love the children 나는 그 아이들을 사랑한다

They want it small 그들은 그것이 작기를 원한다 **Any man can hope** 어떤 사람이라도 바랄 수 있다 **They might show up** 그들이 나타날지도 모른다

Several young students waited 몇몇 어린 학생들이 기다렸다 Few people like her 그녀를 좋아하는 사람들은 거의 없다 The boy is smiling 그 소년은 미소 짓고 있다

040 **Brown** / **We make brown paper**

041 **Once** / **You only tried once**

042 **Really** / **Youngchoon is really great**

We make brown paper 우리는 갈색 포장지를 만들었다 **You only tried once** 너는 오직 한 번만 시도했었다 **Youngchoon is really great** 영춘은 정말로 대단하다

Bring me the boy 내게 그 소년을 데려와라 **Stop the car now** 당장 자동차를 세워라 **Wish for more money** 더 많은 돈을 바라라

046
May — You may rest now

047
Listening — Thank you for listening

048
Answer — Which answer is right?

You may rest now 너는 이제 쉬어도 좋다 **Thank you for listening** 들어줘서 고맙다
Which answer is right? 어느 답이 맞지?

Who held your hand? 누가 네 손을 잡았니? **Those people are great** 그 사람들은 대단하다 **Life is so good** 인생은 매우 좋다

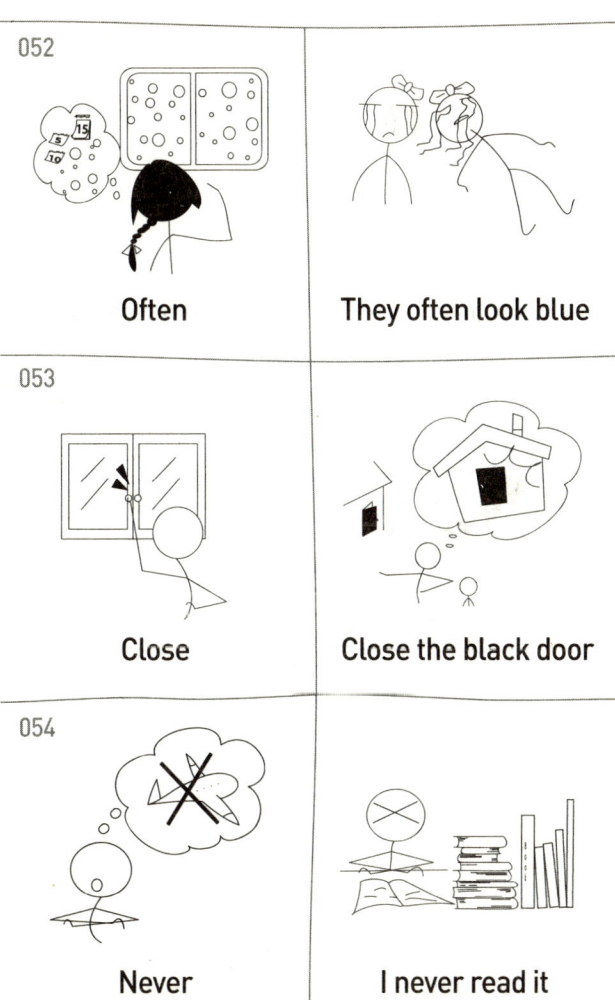

052
Often — They often look blue

053
Close — Close the black door

054
Never — I never read it

They often look blue 그들은 종종 우울해 보인다 **Close the black door** 그 검은 문을 닫아라 **I never read it** 나는 그것을 읽어본 적이 없다

They go home early 그들은 집에 일찍 간다 **Give me a hand** 내게 손을 다오(도와주세요)
People wanted more money 사람들은 더 많은 돈을 원했다

058 **Different** / **His eyes look different**

059 **One** / **One sentence is enough**

060 **Found** / **They found the car**

His eyes look different 그의 눈은 달라 보인다 **One sentence is enough** 한 문장이면 충분하다 **They found the car** 그들이 그 자동차를 찾았다

061

Heard

I heard her call

062

Go

We will go jogging

063

Idea

I got her idea

I heard her call 나는 그녀가 전화하는 것을 들었다 **We will go jogging** 우리는 조깅하러 갈 것이다 **I got her idea** 나는 그녀의 생각을 알았다

064

Over

Stop crying over him

065

Means

He means nothing now

066

Come

Come back home soon

Stop crying over him 그 때문에 우는 것을 멈춰라 He means nothing now 그는 이제 아무 의미도 없다 Come back home soon 어서 집에 돌아와라

067

Each

Each day is warm

068

Number

Number nine is good

069

Dancing

The boy is dancing

Each day is warm 매일 따뜻하다 **Number nine is good** 숫자 9는 좋다 **The boy is dancing** 그 소년이 춤추고 있는 중이다

070

Long

Long live the king

071

Came

An old man came

072

Sentence

This sentence is right

Long live the king 왕이여 만수무강 하소서 **An old man came** 한 나이든 남자가 왔다
This sentence is right 이 문장은 옳다

4words **113**

The day is over 그 날은 끝났다 Give him his wish 그에게 그가 바라는 것을 주어라
Which is your room? 어느 것이 네 방이니?

076

Day

The day has come

077

Tried

She really tried hard

078

An

An hour is enough

The day has come 그 때가 왔다 **She really tried hard** 그녀는 정말 열심히 노력했다 **An hour is enough** 한 시간이면 충분하다

He raises many children 그는 많은 아이를 양육한다 Students might go there 학생들은 거기 아마 갈지도 모른다 Five children are dancing 다섯 명의 아이들이 춤추고 있는 중이다

Feel my cold hand 내 차가운 손을 느껴봐 **I heard him once** 나는 그가 말하는 것을 한 번 들어봤다 **I like brown eyes** 나는 갈색 눈을 좋아한다

Draw a black line 검은 선을 그려라 **Those people came first** 그 사람들이 먼저 왔다 **His feet are cold** 그의 발은 차갑다

My school is far 나의 학교는 멀다 Get some rest now 지금 좀 휴식을 취해라 I want a car 나는 자동차를 원한다

4words
Review

영춘선생이 일러주는 Review 활용법!

1. 그림과 문장을 보고 의미를 파악합니다.
되도록이면 해석을 보지 않고 영어 그대로의
의미를 파악하도록 노력하세요!

2. MP3로 Review 부분을 들으면서 네이티브들의 정확한 발음을 청취합니다.
네이티브들의 문장은 두 번씩 반복 됩니다.
처음에는 발음을 청취를 하고 두 번째는 조용히 따라 읽습니다.

3. 이제 Review 부분을 큰 소리 내어 읽습니다.
영어는 마음속에 담아두기 위해 배우는 언어가 아닙니다.
마음껏 소리치면서 읽으세요!
단, 전철이나 버스 같은 대중교통에서 책을 읽으시는 분들은
주위 사람들에게 피해가 가지 않게 특별히 조심해 주세요!

★주로 대중교통을 이용하는 영춘선생이 이 책을 들고 다니시는 분을 뵙게 되면
친필 싸인을 즉시 제공하겠습니다.

Review

→ 002

We go jogging together

008 ←

Do you remember them?

→ 003

My family is listening

009 ←

She spoke without smiling

→ 007

Tell them a story

013 ←

He saw me crying

→ 015

They Want more money

026 ←

Children grow so fast

→ 019

Six little children came

027 ←

I might sound funny

→ 025

The king helped them

032 ←

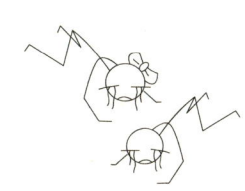

We both gave up

Review **123**

Several young students waited

Bring me the boy

Few people like her

Stop the car now

The boy is smiling

Wish for more money

Who held your hand?

They go home early

Those people are great

Give me a hand

Life is so good

People need more money

→ 061

I heard her call

004 ←

You must answer now

→ 062

We will go jogging

006 ←

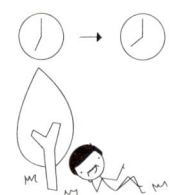

Rest for an hour

→ 063

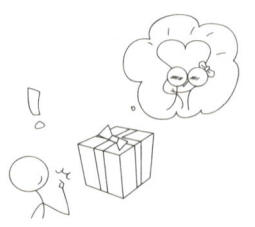

I got her idea

010 ←

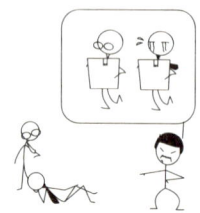

Fire those people now!

→ 017

I held his hand

029 ←

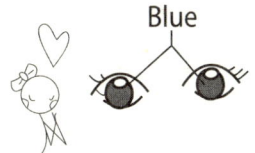

I love blue eyes

→ 023

They have seen us

030 ←

Some students are out

→ 024

We will thank him

035 ←

Any man can hope

→ 036

They might show up

048 ←

Which answer is right?

→ 046

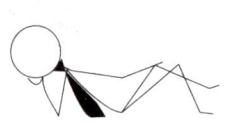

You may rest now

052 ←

They often look blue

→ 047

Thank you for listening

058 ←

His eyes look different

→ 059

One sentence is enough

066 ←

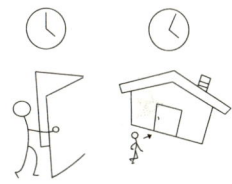

Come back home soon

→ 060

They found the car

069 ←

The boy is dancing

→ 064

Stop crying over him

074 ←

Give him his wish

→ 075

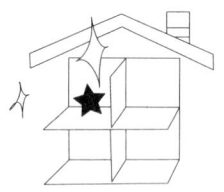

Which is your room?

081 ←

Five children are dancing

→ 079

He raises many children

087 ←

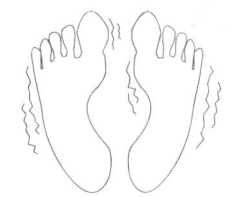

His feet are cold

→ 080

Students might go there

071 ←

An old man came

→ 072 | 088 ←

This sentence is right | My school is far

→ 082 | 089 ←

Feel my cold hand | Get some rest now

→ 084 | 090 ←

I like brown eyes | I want a car

Speaking English using 5Words

"5단어로 영어를 말할 수 있어요!"

Life라는 단어 중간에 If가 있는 이유는 우리 삶(Life)에는 항상 가능성(If)이 있기 때문이다. _영춘선생

5 Words

001

Heard

I heard them say that

002

King

The king made a wish

003

Same

He heard the same story

I heard them say that 나는 그들이 그것을 말하는 것을 들었다 **The king made a wish** 왕이 소원을 빌었다 **He heard the same story** 그는 같은 이야기를 들었다

004
Again / I thought you came again

005
Face / Let us face each other

006
Father / His father did his best

I thought you came again 나는 네가 다시 왔다고 생각했다 **Let us face each other** 우리 서로 마주보자 **His father did his best** 그의 아버지는 최선을 다했다

She came through the night 그녀는 밤새도록 걸어서 왔다 **Remember to show up early** 일찍 나타나는 것을 기억하라(잊지 말고 일찍 와라) **Think hard enough before crying** 울기 전에 충분히 생각해라

Men love her blue eyes 남자들은 그녀의 파란 눈을 사랑한다 **I have known them before** 나는 예전에 그들을 알았다 **Be close to your parents** 너의 부모님과 가까이 지내라

Close the door at night 밤에 문을 닫아라 **They wanted a warm room** 그들은 따뜻한 방을 원했다 **Several intelligent students are attending** 몇몇 총명한 학생들이 다니고 있다

Park your car behind us 너의 자동차를 우리 뒤에 주차해라 **Fire from behind the tree** 나무 뒤에서 사격해라 **I wanted a new car** 나는 새차을 원했었다

They wished for more help 그들은 더 많은 도움을 바랐다 Which time do you remember? 넌 어느 때를 기억하니? The teacher writes again today 그 교사가 오늘 다시 편지를 쓴다

Never leave again without me 다시는 날 두고 떠나지 마라 **Make the right move again** 다시 올바른 동작을 해봐라 **I gave the right answer** 나는 맞는 답을 주었다

025

Sea

The sea is cold today

026

Night

They talked through the night

027

Love

I am so in love

The sea is cold today 오늘 바다가 차다 **They talked through the night** 그들은 밤새 이야기했다 **I am so in love** 나는 사랑에 완전히 빠졌다

We talked to many students 우리는 많은 학생들에게 이야기했다 I knew what he meant 나는 그가 뜻했던 바를 알았다 The six children are smiling 여섯 명의 아이들이 웃고 있는 중이다

031

Youngchoon

Youngchoon knew something about you

032

Move

Start to move on now

033

Back

Remember your family back home

Youngchoon knew something about you 영춘은 너에 대해 무엇인가 알고 있다 **Start to move on now** 지금 나아가기 시작해라 **Remember your family back home** 고향의 네 가족을 기억해라

Mother and father love me 어머니와 아버지는 나를 사랑하신다 **I might leave without you** 나는 너 없이 떠날 수도 있다 **I also want a car** 나 역시 자동차를 원한다

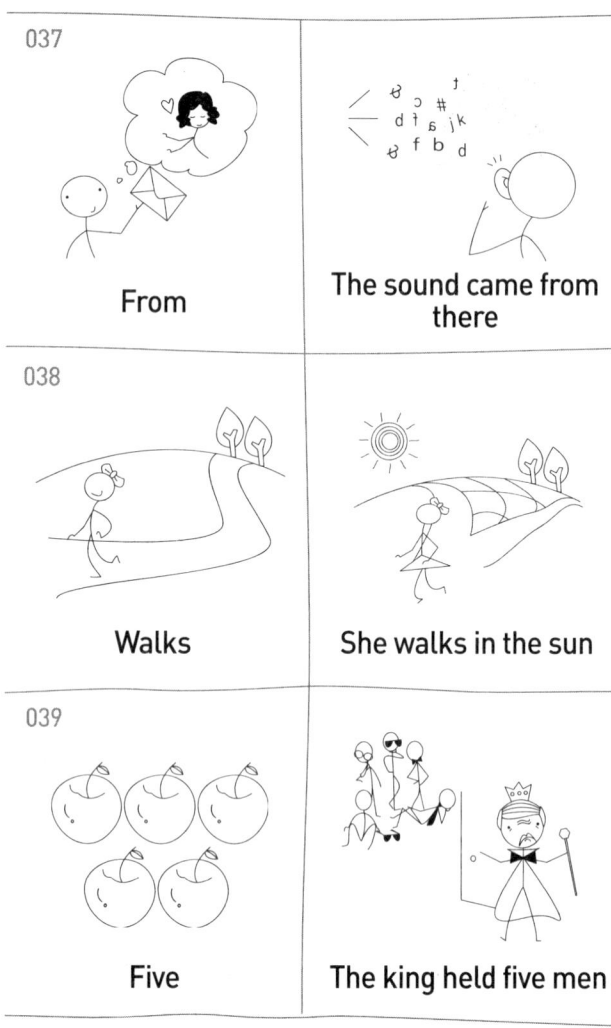

037 From / The sound came from there

038 Walks / She walks in the sun

039 Five / The king held five men

The sound came from there 그 소리가 저기서 났다 **She walks in the sun** 그녀는 태양 아래를 걷는다 **The king held five men** 왕이 다섯 명의 남자를 붙잡았다

The parents could go first 부모들은 먼저 갈 수 있었다 **I never really saw him** 나는 정말로 그를 본 적이 없다 **You must move out today** 넌 오늘 이사가야 한다

Make use of the car 차를 이용해라 **Be ready for the show** 쇼를 위해 준비해라 **I saw how she died** 나는 그녀가 어떻게 죽었는지 보았다

I heard how she laughed 나는 그녀가 어떻게 웃는지 들었다 **A table was brought in** 탁자를 안으로 들였다 **The night was too cold** 그 날 밤은 너무 추웠다

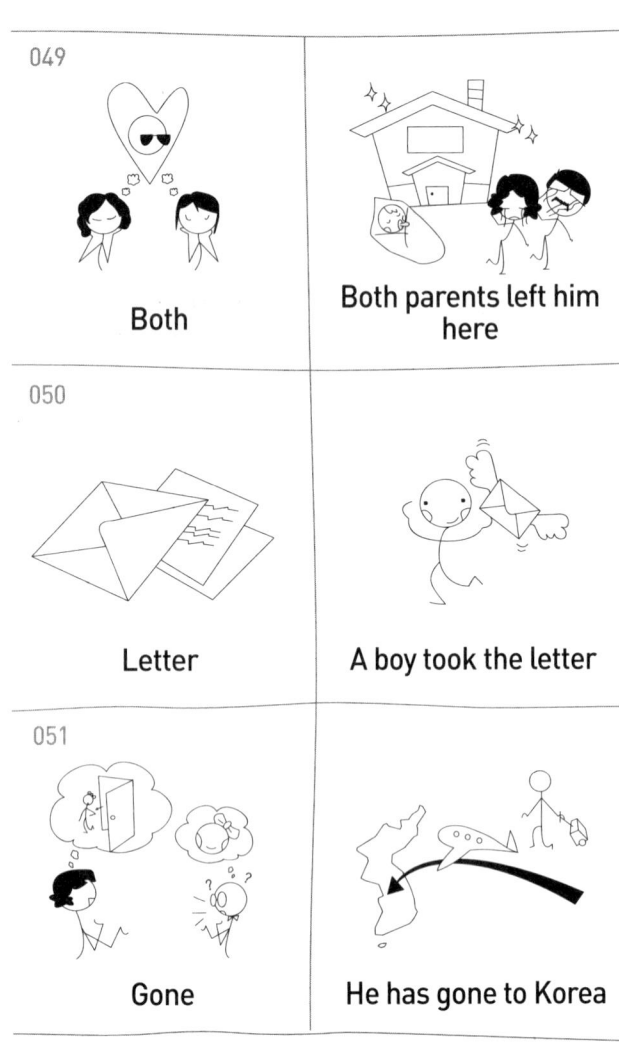

Both parents left him here 부모님 두 분 다 그를 여기 남겨두고 떠났다 **A boy took the letter** 한 소년이 그 편지를 집었다 **He has gone to Korea** 그는 한국에 갔다

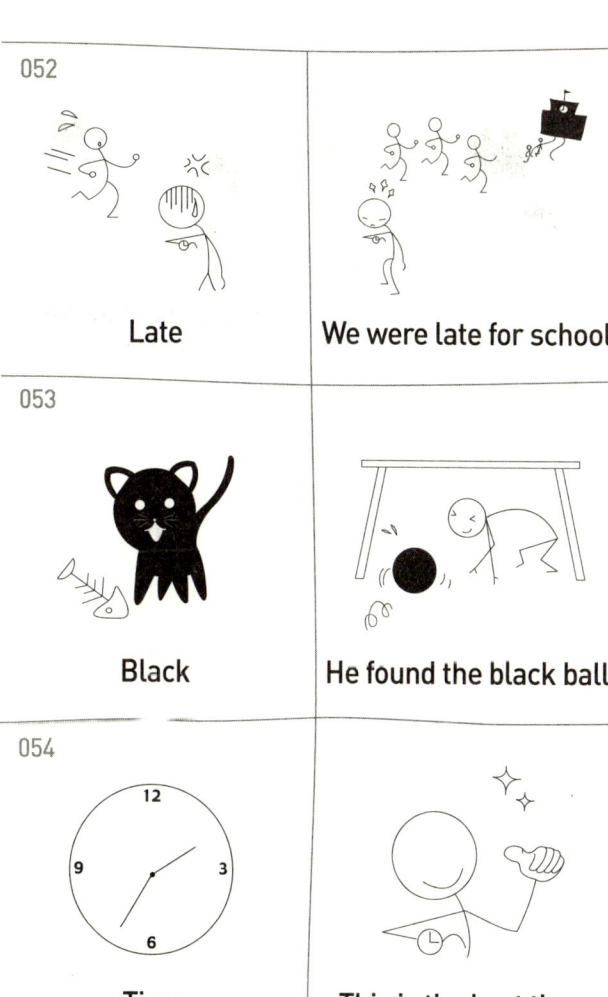

We were late for school 우리는 학교에 지각했다 He found the black ball 그는 그 검은색 공을 찾았다 This is the best time 지금이 가장 좋은 때다

Go to school together early 학교에 일찍 같이 가자 **Make room for large parts** 큰 부품들을 위해 자리를 만들어라 **The students wished to answer** 그 학생들은 대답하기를 바랐다

058

Love | **Let us love our country**

059

Large | **His car is very large**

060

Again | **Their story is told again**

Let us love our country 우리 나라를 사랑하자 **His car is very large** 그의 자동차는 매우 크다 **Their story is told again** 그들의 이야기는 다시 말해졌다

Her eyes are on him 그녀의 눈은 그에게 있다 **His time to speak came** 그가 말할 때가 왔다 **Jogging is good for me** 조깅은 나에게 유익하다

May I read that story? 내가 그 이야기를 읽어도 될까요? **You never draw the line** 너는 절대 선을 긋지 않는다 **Do you really love him?** 너는 그를 정말 사랑하니?

I do not have money 나는 돈을 가지고 있지 않다 **Mother may show the letter** 어머니가 그 편지를 보여줄지도 모른다 **Any room here will do** 여기 어떤 방도 쓸만하다

070 **Hand** — **He raises his left hand**

071 **Face** — **Face up to the people**

072 **First** — **Let him go inside first**

He raises his left hand 그는 그의 왼손을 든다 **Face up to the people** 사람들에게 대담하게 맞서라 **Let him go inside first** 그가 먼저 안으로 들어가게 해라

Let the six children go 그 여섯 명의 아이들을 가게 해라 **Some of them are students** 그들 중 몇몇은 학생들이다 **I have to go now** 나는 지금 가야 한다

Many of them kept smiling 그들 중 많은 수가 계속해서 웃었다 **They are making good money** 그들은 많은 돈을 벌고 있다 **Korea is a small country** 한국은 작은 나라다

079
Last — My father died last night

080
Door — That door is too large

081
See — I want to see you

My father died last night 우리 아버지가 어젯밤 돌아가셨다 **That door is too large** 저 문은 너무 크다 **I want to see you** 나는 너를 보고 싶다

082

Give

We will give money now

083

Long

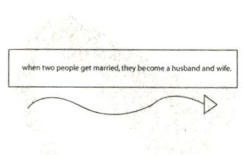

The sentence is very long

084

Same

We have the same car

We will give money now 우리가 지금 돈을 주겠다 The sentence is very long 그 문장이 매우 길다 We have the same car 우리는 같은 자동차를 가지고 있다

085 Eat — It is time to eat

086 She — She was next to draw

087 Meant — I never really meant that

It is time to eat 식사할 시간이다 **She was next to draw** 그녀가 다음 그릴 차례였다
I never really meant that 난 정말로 그런 의도는 아니었다

I tried attending to children 나는 아이들을 돌보려고 시도했다 **They like that dancing girl** 그들은 그 춤추는 소녀를 좋아한다 **Father is listening to them** 아버지가 그들에게 귀를 기울이고 있다

5words
Review

영춘선생이 일러주는 Review 활용법!

1. 그림과 문장을 보고 의미를 파악합니다.
되도록이면 해석을 보지 않고 영어 그대로의
의미를 파악하도록 노력하세요!

2. MP3로 Review 부분을 들으면서 네이티브들의 정확한 발음을 청취합니다.
네이티브들의 문장은 두 번씩 반복 됩니다.
처음에는 발음을 청취를 하고 두 번째는 조용히 따라 읽습니다.

3. 이제 Review 부분을 큰 소리 내어 읽습니다.
영어는 마음속에 담아두기 위해 배우는 언어가 아닙니다.
마음껏 소리치면서 읽으세요!
단, 전철이나 버스 같은 대중교통에서 책을 읽으시는 분들은
주위 사람들에게 피해가 가지 않게 특별히 조심해 주세요!

★주로 대중교통을 이용하는 영춘선생이 이 책을 들고 다니시는 분을 뵙게 되면
친필 싸인을 즉시 제공하겠습니다.

Review

→ 002 | 014 ←

The king made a wish

They wanted a warm room

→ 008 | 020 ←

Remember to show up early

Which time do you remember?

→ 013 | 021 ←

Close the door at night

The teacher writes again today

→ 025

The sea is cold today

033 ←

Remember your family back home

→ 027

I am so in love

037 ←

The sound came from there

→ 032

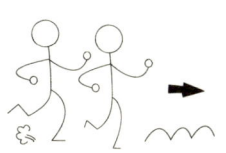

Start to move on now

038 ←

She walks in the sun

→ 049

Both parents left him here

061 ←

Her eyes are on him

→ 051

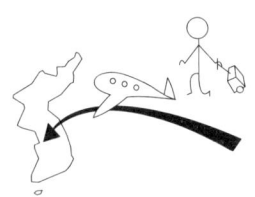

He has gone to Korea

062 ←

His time to speak came

→ 055

Go to school together early

063 ←

Jogging is good for me

→ 004

I thought you came again

010 ←

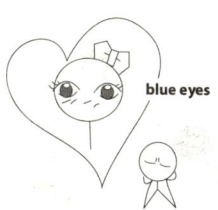

Men love her blue eyes

→ 005

Let us face each other

011 ←

I have known them before

→ 006

His father did his best

012 ←

Be close to your parents

→ 024

I gave the right answer

034 ←

Mother and father love me

→ 028

We talked to many students

035 ←

I might leave without you

→ 030

The six children are smiling

036 ←

I also want a car

→ 040

The parents could go first

046 ←

I heard how she laughed

→ 041

I never really saw him

047 ←

A table was brought in

→ 042

You must move out today

048 ←

The night was too cold

→ 052

We were late for school

→ 053

He found the black ball

→ 054

This is the best time

058 ←

Let us love our country

059 ←

His car is very large

060 ←

Their story is told again

→ 064 | 073 ←

| May I read that story? | Let the six children go |

→ 067 | 074 ←

| I do not have money | Some of them are students |

→ 069 | 075 ←

| Any room here will do | I have to go now |

→ 079

My father died last night

085 ←

It is time to eat

→ 080

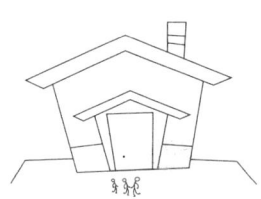

That door is too large

087 ←

I never really meant that

→ 081

I want to see you

072 ←

Let him go inside first

→ 076

Many of them kept smiling

084 ←

We have the same car

→ 077

They are making good money

089 ←

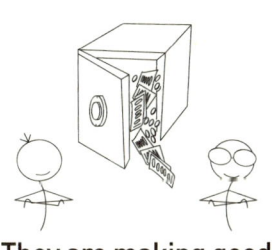

They like that dancing girl

→ 078

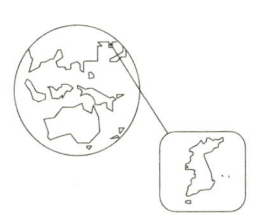

Korea is a small country

090 ←

Father is listening to them

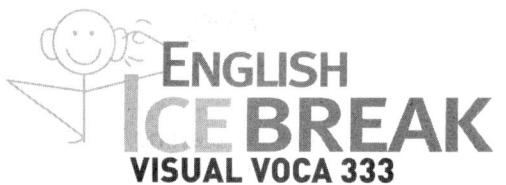

Speaking English using 6 Words

"6단어로 영어를 말할 수 있어요!"

'포기' 라는 단어가 떠오르면 슈퍼마켓 가서 배추나 세고 다시 이 책을 집아라. _영춘선생

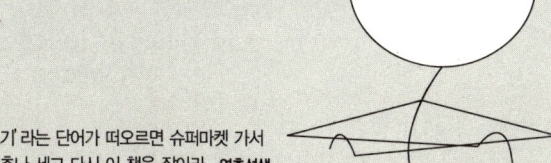

6 Words

001
About

I told them about the show

002
What

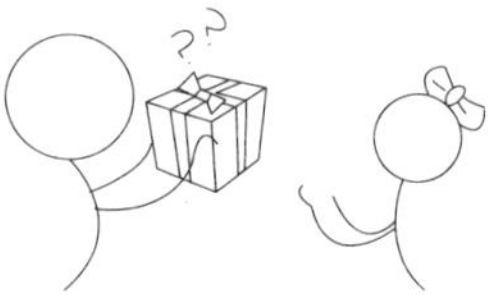

What did they say about it?

003
Laughed

They just laughed at the idea

I told them about the show 나는 그들에게 쇼에 대해 이야기했다 **What did they say about it?** 그들이 그것에 대해 뭐라고 말했니? **They just laughed at the idea** 그들은 그냥 그 아이디어를 비웃었다

Does he know where you live? 네가 어디 사는지 그가 아니? **I called him before he left** 나는 그가 떠나기 전에 그에게 전화했다 **Let us just wait here then** 그럼 그냥 여기서 기다리자

007 Parts — The love story has six parts

008 Answer — Are you sure about your answer?

009 Yes — Yes, I just read the story

The love story has six parts 그 사랑 이야기는 여섯 부분으로 되어 있다 **Are you sure about your answer?** 너는 너의 답을 확신하니? **Yes, I just read the story** 그래, 난 방금 그 이야기를 읽었어

My parents gave me some money 나의 부모님이 내게 돈을 좀 주셨다 That is really great to hear! 그것은 듣기에 너무 좋다! Let us get a new house 우리 새 집을 얻자

013 Smiling	I saw them smiling at me
014 Men	I think those men like you
015 Often	I often see them in school

I saw them smiling at me 나는 그들이 내게 웃고 있는 것을 보았다 **I think those men like you** 난 그 남자들이 널 좋아한다고 생각한다 **I often see them in school** 나는 종종 학교에서 그들을 본다

Do you think it is enough? 넌 그것이 충분하다고 생각하니? **It is important to sound good** 좋게 들리는 것은 중요하다 **What you just said was right** 네가 방금 말한 것은 옳다

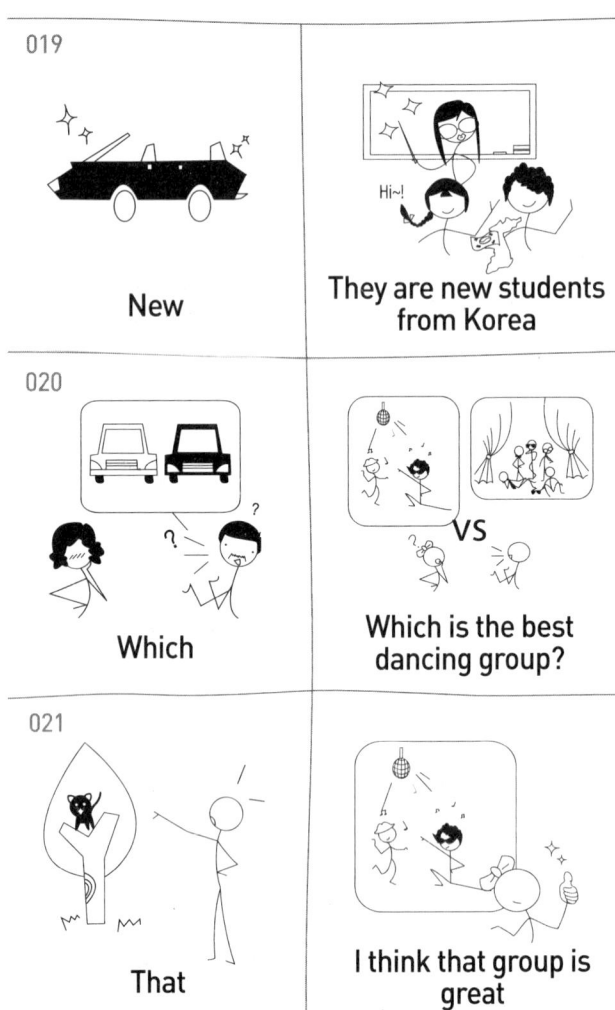

They are new students from Korea 그들은 한국에서 온 새로운 학생들이다 **Which is the best dancing group?** 어디가 최고의 댄싱 그룹이니? **I think that group is great** 나는 저 그룹이 훌륭하다고 생각한다

I saw her crying last night 나는 지난 밤 그녀가 울고 있는 것을 보았다 She must have seen them together 그녀는 그들을 함께 본 것이 틀림없다 This group gave a good answer 이 집단은 좋은 답을 했다

025	
Which	Which do you think is better?
026	
Different	They are different from each other
027	
Paper	Where did you see this paper?

Which do you think is better? 너는 어느 것이 낫다고 생각하니? They are different from each other 그들은 서로 다르다 Where did you see this paper? 너 어디서 이 서류를 보았니?

But, their answer is not right 하지만, 그들의 답은 옳지 않다 **Did you park the car there?** 너 자동차를 거기에 주차했니? **How did you get that idea?** 너는 어떻게 그런 생각을 했니?

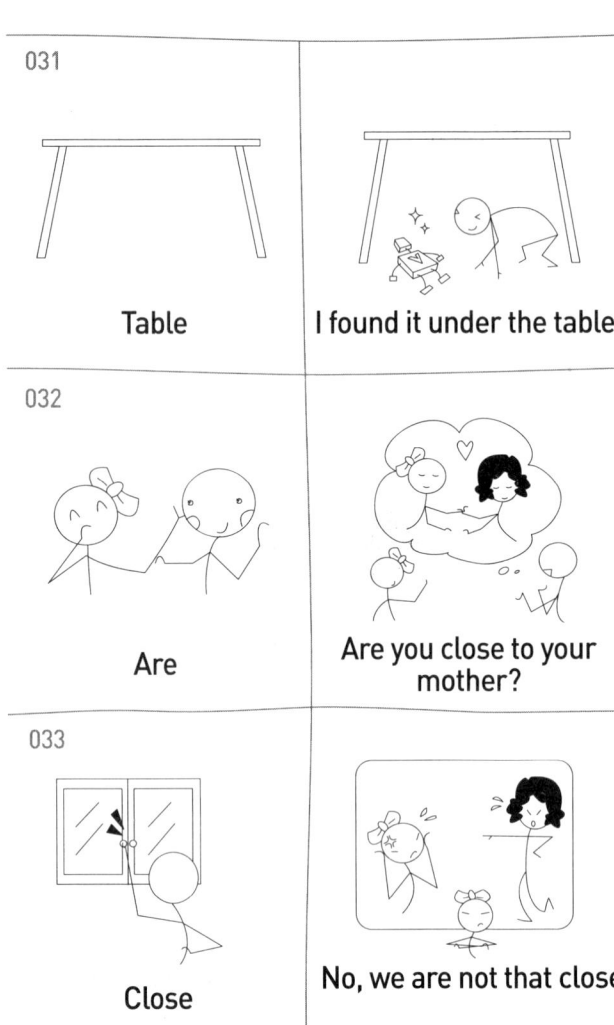

I found it under the table 나는 그것을 탁자 밑에서 찾았다 **Are you close to your mother?** 너는 너의 어머니와 친하니? **No, we are not that close** 아니, 우리는 그렇게 친하지 않다

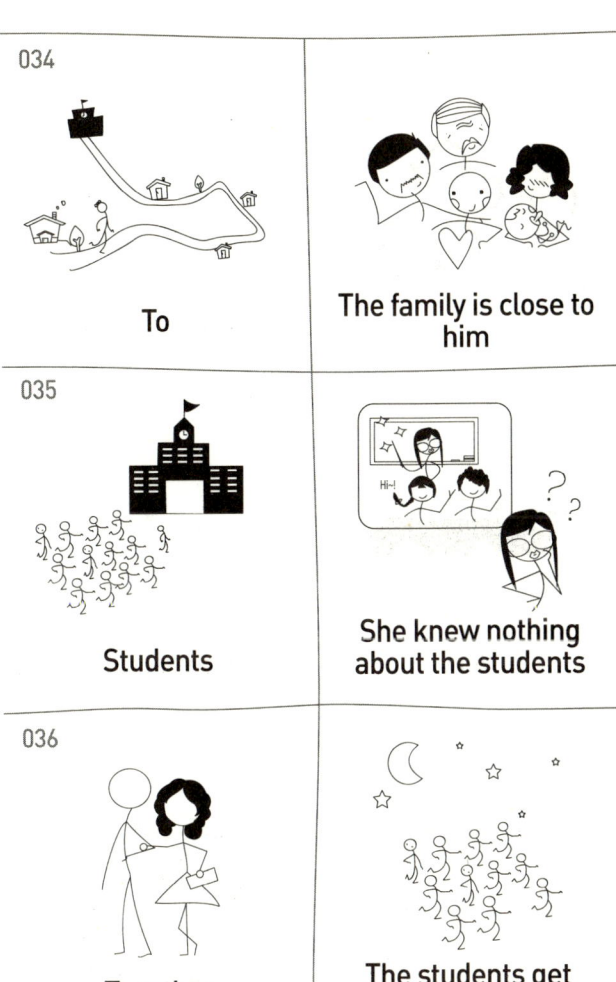

034 To — The family is close to him

035 Students — She knew nothing about the students

036 Together — The students get together every night

The family is close to him 그 가족은 그와 친하다 She knew nothing about the students 그녀는 그 학생들에 대해 아무 것도 몰랐다 The students get together every night 그 학생들은 매일 밤 함께 모인다

037 **Us** — Let us go to my house

038 **Very** — That is a very good idea!

039 **The** — Did you read the morning paper?

Let us go to my house 나의 집에 가자 That is a very good idea! 그거 아주 좋은 생각이다! Did you read the morning paper? 너는 그 조간 신문 읽었니?

I hope she joins the group 그녀가 그 집단에 합류하기를 바란다 **I could not wait to fly** 난 빨리 날고 싶어서 못 참겠다 **Do not talk to my mother** 나의 어머니에게 이야기하지 말아라

043
There — Is there something I must know?

044
Story — Your father is in the story

045
Start — He will start a family here

Is there something I must know? 내가 꼭 알아야 할 것이 있니? **Your father is in the story** 당신의 아버지가 그 이야기에 나온다 **He will start a family here** 그는 여기서 가족을 시작할 것이다

What are the parents smiling at? 부모님들이 왜 웃으시는 거지? **Every good idea is often important** 모든 좋은 생각(아이디어)는 종종 중요하다 **I remember listening to the sound** 나는 그 소리를 듣던 것을 기억한다

Where did you get that idea? 어디서 그 아이디어를 얻었니? **I heard it from his mother** 나는 그것을 그의 어머니에게 들었다 **My father will come here today** 내 아버지가 오늘 여기 오실 것이다

She said, "He helped the children" 그녀는 그가 그 아이들을 도왔다고 말했다
Her parents knew nothing about him 그녀의 부모님은 그에 대해 아무 것도 몰랐다
Every example has helped her learn 모든 예가 그녀의 학습을 도왔다

We can see such students here 우리는 여기에서 그런 학생들을 볼 수 있다 **My best friend joins the ball** 내 가장 친한 친구가 무도회에 합류한다 **He must have waited for her** 그는 그녀를 기다렸던 것이 틀림없다

I can find that at home 나는 집에서 그것을 찾을 수 있다 Something came out of the sea 뭔가 바다에서 나왔다 I wanted to call her today 나는 오늘 그녀에게 전화하기를 원했다

Young students leave their house early 어린 학생들은 일찍 그들의 집을 나선다 **She really has to remember us** 그녀는 정말 우리를 기억해야 한다 **Just keep on listening to me** 그냥 내 말을 계속 들어라

Do you think Youngchoon is kind? 너는 영춘이 친절하다고 생각하니? **I heard that your child died** 나는 너의 아이가 죽었다는 것을 들었다 **I love dancing in the morning** 나는 아침에 춤추는 것을 좋아한다

Teacher and students talked about school 교사와 학생들이 학교에 대해 이야기했다
That letter was meant for her 그 편지는 그녀를 위한 것이다 She walks several feet from here 그녀는 여기서부터 몇 피트를 걷는다

070 Short — I am short of money now

071 This — Can you help me answer this?

072 Feel — Did you feel good after jogging?

I am short of money now 나는 이제 돈이 부족하다 **Can you help me answer this?** 내가 이것에 답하는 걸 도와줄래? **Did you feel good after jogging?** 넌 조깅하고 나면 기분이 좋니?

073 **Often** — I must think of her often

074 **Use** — Which sentence has shown good use?

075 **Other** — Youngchoon joins us every other day

I must think of her often 나는 그녀를 자주 생각해야 한다 **Which sentence has shown good use?** 어떤 문장이 표준 어법을 보여주나요? **Youngchoon joins us every other day** 영춘은 이틀에 한 번 우리와 함께한다

I will go to school later 나는 나중에 학교에 갈 것이다 I have run out of food 난 음식이 떨어졌다 Why did you close the door? 너 왜 문을 닫았니?

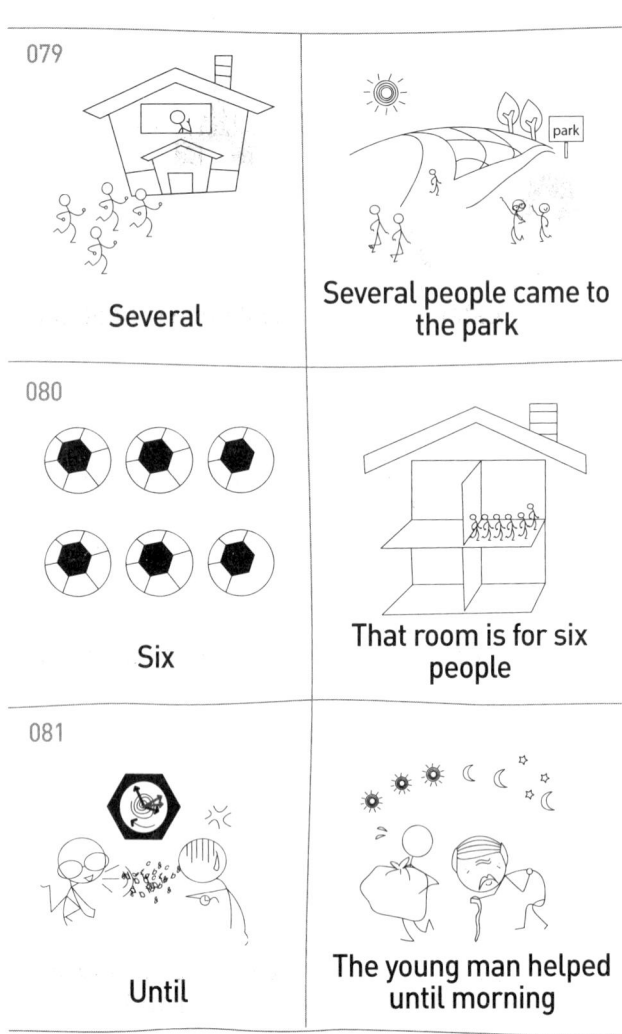

Several people came to the park 몇몇 사람들이 공원에 왔다 **That room is for six people** 그 방은 여섯 명의 사람들을 위한 것이다(6인용이다) **The young man helped until morning** 그 젊은 남자가 아침까지 도와줬다

082
Night

What did you do last night?

083
Rest

I took a rest at home

084
Fly

I will fly to Korea today

What did you do last night? 너 어젯밤에 뭐했니? **I took a rest at home** 나는 집에서 휴식을 취했다 **I will fly to Korea today** 나는 오늘 한국으로 (비행기로) 날아갈 것이다

I know what that thought means 나는 그 생각이 무엇을 의미하는지 안다 The students waited for her today 오늘 그 학생들이 그녀를 기다렸다 The group of students will come 학생들의 무리가 올 것이다

088	
First	She talked about her first love

089	
Very	You are very kind to me

090	
Why	That is why I love you

She talked about her first love 그녀가 그녀의 첫사랑에 대해 이야기했다 **You are very kind to me** 넌 내게 매우 친절하다 **That is why I love you** 그것이 내가 널 사랑하는 이유다

091

She

I hope she started jogging early

092

Something

I want you to do something

093

Old

The blue car is very old

I hope she started jogging early 그녀가 조깅을 일찍 시작했기를 바란다 **I want you to do something** 나는 네가 무엇인가 하기를 원한다 **The blue car is very old** 그 파란 자동차는 아주 오래됐다

094	
Teacher	I could not remember my teacher
095	
Little	He is a funny little boy
096	
Living	The living room is big enough

I could not remember my teacher 나는 내 선생님을 기억하지 못했다 **He is a funny little boy** 그는 재미있는 어린 소년이다 **The living room is big enough** 그 거실은 충분히 크다

097

Few

There are only a few people

098

Than

I have more money than she

099

Leave

They often leave their old car

There are only a few people 아주 적은 수의 사람들만 있다 **I have more money than she** 나는 그녀보다 더 많은 돈을 가지고 있다 **They often leave their old car** 그들은 종종 그들의 예전 자동차를 버린다

I know that you will come 나는 네가 올 거라는 것을 안다 **Did you hear what she said?** 너는 그녀가 뭐라고 말했는지 들었니? **She found her old love letter** 그녀는 그녀의 옛날 연애 편지를 찾았다

103

Together

The students saw us together today

104

Learn

The students wanted to learn dancing

105

Wished

She wished to do something today

The students saw us together today 오늘 그 학생들은 함께 있는 우리를 보았다
The students wanted to learn dancing 그 학생들은 춤을 배우고 싶어했다
She wished to do something today 그녀는 오늘 뭔가 하기를 바랬다

106

Close

He is close to my family

107

Raises

The mother raises her six children

108

Such

You are such a good man

He is close to my family 그는 내 가족과 친하다 **The mother raises her six children** 그 어머니는 그녀의 여섯 아이들을 기른다 **You are such a good man** 넌 대단히 좋은 사람이 다

What do you want to know? 너는 무엇을 알고 싶니? Do you like me to go? 너는 내가 가는 것이 좋니? I wish you could remember me 나는 네가 날 기억할 수 있으면 좋겠다

112

Brown

I waited inside the brown room

113

There

The men saw her there too

114

Long

My friend has a long table

I waited inside the brown room 나는 갈색 방 안에서 기다렸다 **The men saw her there too** 그 남자는 그녀를 거기에서도 보았다 **My friend has a long table** 내 친구는 긴 탁자를 가지고 있다

115 Sure — How can you be so sure?

116 Good — You are not a good child

117 We — I wish we could be family

How can you be so sure? 넌 어떻게 그렇게 확신할 수 있니? **You are not a good child** 넌 착한 아이가 아니다 **I wish we could be family** 우리가 가족이 될 수 있기를 바란다

He came to look for her 그는 그녀를 찾으러 왔다 Their old house is on fire 그들의 옛 집이 불타고 있다 My crying boyfriend held my hand 나의 울고 있는 남자친구가 내 손을 잡았다

121
Leave

I want to leave with you

122
Just

I just feel so great today

123
Made

His letter just made my day

I want to leave with you 나는 너와 함께 떠나고 싶다 **I just feel so great today** 난 다만 오늘 기분이 너무 좋다 **His letter just made my day** 그의 편지는 오늘 하루 나를 즐겁게 해주었다

We want to have more money 우리는 더 많은 돈을 가지기를 원한다 **I told her to leave today** 난 그녀에게 오늘 떠나라고 말했다 **She gave her a funny look** 그녀는 그녀에게 재미있는 표정을 지어 보였다

How can I ever thank you? 너에게 도대체 어떻게 감사를 해야 할까? He writes his friend a letter 그는 그의 친구에게 편지를 쓴다 His eyes are smiling at her 그의 눈이 그녀를 보며 웃고 있다

130

There

I have to go there now

131

Fast

It is important to learn fast

132

At

The students are smiling at me

I have to go there now 난 지금 거기에 가야 한다 **It is important to learn fast** 빨리 배우는 것이 중요하다 **The students are smiling at me** 그 학생들이 나를 보며 웃고 있다

133 Best — I really like your best friend!
134 Different — There is something different about you
135 Dancing — How good are you at dancing?

I really like your best friend! 난 정말 네 가장 친한 친구를 좋아한다!
There is something different about you 너에겐 뭔가 색다른 점이 있다
How good are you at dancing? 넌 춤을 얼마나 잘 추니?

136

Read

I want to read that story

137

Parents

Remember to help your parents today

138

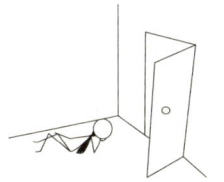

Room

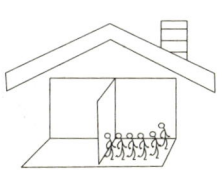

There are people in that room

I want to read that story 나는 그 이야기를 읽고 싶다 **Remember to help your parents today** 오늘 네 부모님을 돕는 것을 기억해라 **There are people in that room** 그 방 안에 사람들이 있다

The show is about to start 쇼가 막 시작하려 한다 **The play was shown this morning** 그 연극은 오늘 아침에 상연되었다 **Why must I speak to you?** 왜 내가 너에게 말해야 하지?

142

Stop

I heard you will stop dancing

143

Seven

I must go home before seven

144

Wanted

He wanted to hear the story

I heard you will stop dancing 네가 춤을 그만둘 것이라고 들었다 I must go home before seven 난 7시 전에 집에 가야 한다 He wanted to hear the story 그는 그 이야기를 듣고 싶어했다

Have you given him his food? 네가 그에게 그의 음식을 주었니? **Today is our last day here** 오늘이 여기에서 우리의 마지막 날이다 **Can you give me a break?** 날 도와줄래요?

148 Wanted — She really wanted to see you

149 Nine — You have to read until nine

150 One — My car is the black one

She really wanted to see you 그녀는 정말 너를 보고 싶어했다 **You have to read until nine** 넌 9시까지 읽고 있어야 한다 **My car is the black one** 내 자동차는 검은색자동차)이 다

The children are dancing near us 그 아이들은 우리 가까이에서 춤을 추고 있는 중이다
The teacher asked them to wait 그 교사가 그들에게 기다리라고 요청했다 Let us thank our good parents 우리의 훌륭한 부모님께 감사하자

154

Tell

I have to tell you something

155

Often

I often go to the park

156

Home

What time will you be home?

I have to tell you something 나는 너에게 무엇인가를 말해야 한다 **I often go to the park** 나는 종종 그 공원에 간다 **What time will you be home?** 너는 언제 집에 있을꺼니?

That story is best for children 그 이야기는 아이들에게 최고다 **You are such a good example** 넌 굉장히 좋은 본보기다 **I am ready to help her** 난 그녀를 도울 준비가 되어 있다

She is very good at dancing 그녀는 춤에 매우 뛰어나다 **I will call you back later** 내가 나중에 너에게 다시 전화할 것이다 **My mother will give me money** 내 어머니가 나에게 돈을 줄 것이다

Thank you for attending my show 나의 쇼에 참석해 줘서 고맙다 **I really have to go now** 난 정말로 지금 가야 한다 **There is something I must know** 내가 알아야만 할 무엇인가가 있다

166 hot — It is hot in my room

167 Three — I want to have three children

168 Idea — I do not like his idea

It is hot in my room 내 방은 덥다 **I want to have three children** 나는 세 명의 아이를 가지길 원한다 **I do not like his idea** 나는 그의 생각이 마음에 들지 않는다

169	
Run	I want to run after him
170 Died	He died in his black car
171 Tell	You must tell them right now

I want to run after him 나는 그를 뒤쫓기를 원한다 **He died in his black car** 그는 그의 검은색 차 안에서 죽었다 **You must tell them right now** 너는 지금 당장 그들에게 말해야 한다

172

Here

Your new teacher came here today

173

Eyes

She really has great green eyes

174

Crying

The child was crying for food

Your new teacher came here today 너의 새로운 선생님이 오늘 여기에 왔다 She really has great green eyes 그녀는 정말로 멋진 녹색 눈을 가지고 있다 The child was crying for food 그 아이는 먹을 것을 찾으며 울고 있는 중이다

Can we just get over it? 우리 그냥 그걸 잊어버리면 안될까? **You may come inside my house** 네가 내 집 안에 들어와도 좋다 **Her best friend is very intelligent** 그녀의 가장 친한 친구는 매우 지적이다

She has never heard of me 그녀는 나에 대해 한 번도 들어본 적이 없었다 He heard her wish for love 사랑을 위한 그녀의 바람을 들었다 That is something to think about 그것은 생각해 봐야 할 일이다

My friend brought something for me 내 친구가 나를 위해 무엇인가 가져왔다 **Do you still remember my name?** 너 아직 내 이름을 기억해? **When can I see your family?** 내가 언제 네 가족을 볼 수 있니?

Are there people in your room? 네 방에 사람들이 있니? **I might give him some money** 나는 그에게 돈을 좀 줄지도 모른다 **I will draw a big house** 나는 큰 집을 그릴 것이다

187 More — I could not give you more

188 My — I could not leave my parents

189 Important — Your answer is the most important

I could not give you more 난 너에게 더 줄 수 없었다 I could not leave my parents 난 내 부모님을 떠날 수 없었다 Your answer is the most important 네 대답이 가장 중요하다

Did you hear your mother crying? 너 네 어머니가 우는 것을 들었니? **Youngchoon joins me in my car** 영춘이 내 차에서 나와 합류한다 **I wanted to tell her that** 난 그녀에게 그 것을 말하기 원했다

Have you thought about my idea? 너는 내 아이디어에 대해 생각해 봤어? **I want to speak with him** 난 그와 이야기하고 싶다 **Why are they smiling at you?** 왜 그들이 너를 보고 웃니?

196 She / She is my new found friend

197 Cold / Do you feel a little cold?

198 Family / My family is important to me

She is my new found friend 그녀는 내가 새로 찾은 친구다 Do you feel a little cold? 약간 춥니? My family is important to me 내 가족은 내게 중요하다

Do you even know those men? 너 저 사람들을 알기나 해? **We will live near the sea** 우리 바다 근처에 살 것이다 **We will talk at six today** 우린 오늘 여섯 시에 말할 것이다

Did you break up with him? 너 그와 헤어졌니? **He spoke like a good man** 그는 착한 사람처럼 이야기했다 **Do you really love your country?** 너 정말로 네 나라를 사랑하니?

She is still my best friend 그녀는 여전히 내 가장 친한 친구다 **We have to eat this now** 우린 지금 이것을 먹어야 한다 **I wished we were still together** 나는 우리가 여전히 함께 이기를 바랐다

208
Had

I had a great day today

209
You

Talk to my father, will you?

210
Hear

Did you hear what she said?

I had a great day today 오늘 나는 멋진 하루를 보냈다 **Talk to my father, will you?** 내 아버지에게 말해라, 그렇게 할거지? **Did you hear what she said?** 그녀가 뭐라고 말하는지 들었어?

Give my love to your parents 네 부모님께 내 안부를 전해주렴 You have to remember this name 너는 이 이름을 기억해야 한다 That story will make you remember 그 이야기가 널 기억나게 해줄 것이다

I might not go to school 난 학교에 가지 않을지도 모른다 **Did you hear what mother said?** 어머니가 뭐라고 말했는지 들었니? **His friend is not really intelligent** 그의 친구는 정말로 지적이지는 않다

217

Making

You are making a good move

218

Near

The house is near the sea

219

A

He gave me a funny car

You are making a good move 너는 잘 하고 있는 중이다 **The house is near the sea** 그 집은 바다 근처에 있다 **He gave me a funny car** 그가 나에게 재미있는 차 한 대를 주었다

220 Hot — It is hot in my room

221 Your — Is it hot in your room?

222 Line — Do not go over the line!

It is hot in my room 내 방 안은 덥다 **Is it hot in your room?** 네 방 안은 덥니? **Do not go over the line!** 선을 넘어가지 말아라!

The boy was with his parents 그 소년은 그의 부모와 함께 있었다 I want to have more money 나는 더 많은 돈을 가지기를 원한다 There is something inside the house 그 집 안에 무엇인가가 있다

She is attending the group class 그녀는 조별 수업에 참가하고 있다 Who will light up my life? 누가 내 삶을 밝혀줄 것인가? There is just one light here 여기에는 오직 하나의 불빛이 있다

229
Much

I love my mother so much

230
Korea

I want to live in Korea

231
Hear

I could hear my mother crying

I love my mother so much 나는 내 어머니를 아주 많이 사랑한다 **I want to live in Korea** 나는 한국에 살고 싶다 **I could hear my mother crying** 나는 어머니가 우는 소리를 들을 수 있었다

How do you go to school? 넌 학교에 어떻게 가니? **Are you listening to your teacher?** 넌 네 선생님 말을 듣고 있니? **I have known her for long** 나는 그녀를 오랫동안 알아왔다

She gave me a different letter 그녀가 나에게 다른 편지를 주었다 **My best friend is very funny** 내 가장 친한 친구는 매우 재미있다 **My parents are back from Korea** 내 부모님이 한국에서 돌아오셨다

238

In

I found my father in Korea

239

Children

I brought food for the children

240

House

I could not remember her house

I found my father in Korea 나는 한국에서 내 아버지를 찾았다 I brought food for the children 나는 그 아이들을 위해 음식을 가져왔다 I could not remember her house 나는 그녀의 집을 기억할 수 없었다

The man waited for the boy 그 남자는 그 소년을 기다렸다 **The big black ball is there** 그 커다란 검은색 공이 거기에 있다 **They saw him jogging early today** 그들은 그가 오늘 일찍 조깅하는 것을 보았다

I will never ever see him 나는 결코 그를 볼 수 없을 것이다 The king gave his people food 그 왕은 그의 백성에게 음식을 주었다 Her house is the big one 그녀의 집은 큰 집이다

She writes about her love story 그녀는 그녀의 사랑 이야기에 대하여 쓴다 Do you remember the funny boy? 그 재미있는 소년을 기억해? We will be attending the play 우리는 그 연극을 관람할 것이다.

Did you ever wish to fly? 이제까지 날고 싶었던 적이 있었니? **My new teacher is too young** 나의 새 교사는 너무 젊다 **I hope for a long break** 나는 긴 휴식을 바란다

He started to help the parents 그는 부모님들을 돕기 시작했다 Draw a line on the paper 종이에 선을 그려라 Her father kept listening to him 그녀의 아버지는 계속 그에게 귀를 기울였다

You get ready for the play 너 그 연극을 준비해라 I go jogging late at night 나는 밤늦게 조깅을 하러 간다 Thank the people who helped you 널 도와줬던 사람들에게 감사해라

259	
Nine	Number nine is a good number
260	
Line	We have to draw a line
261	
Do	Why do you look blue today?

Number nine is a good number 숫자 9는 좋은 숫자다 **We have to draw a line** 우리는 선을 그어야 한다 **Why do you look blue today?** 너는 왜 오늘 우울해 보여?

262

Back

Did you find the back door?

263

Ready

Are you ready to go inside?

264

Him

What do you think about him?

Did you find the back door? 너는 뒷문을 찾았니? **Are you ready to go inside?** 너는 안으로 들어갈 준비가 됐니? **What do you think about him?** 너는 그에 대해서 어떻게 생각해?

265

Where

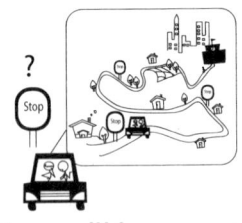

Where will be our next stop?

266

Without

How can we live without money?

267

Use

How often do you use it?

Where will be our next stop? 우리의 다음 정류장이 어디야? **How can we live without money?** 우리가 어떻게 돈 없이 살 수 있겠어? **How often do you use it?** 넌 그것을 얼마나 자주 이용하니?

I saw him crying last night 지난밤 난 그가 우는 것을 보았다 **What is that thing over there?** 거기 있는 그 물건은 뭐야? **I will call my mother then** 그때에는 내가 나의 어머니에게 전화할 것이다

6Words
Review

영춘선생이 일러주는 Review 활용법!

1. 그림과 문장을 보고 의미를 파악합니다.
되도록이면 해석을 보지 않고 영어 그대로의
의미를 파악하도록 노력하세요!

2. MP3로 Review 부분을 들으면서 네이티브들의 정확한 발음을 청취합니다.
네이티브들의 문장은 두 번씩 반복 됩니다.
처음에는 발음을 청취를 하고 두 번째는 조용히 따라 읽습니다.

3. 이제 Review 부분을 큰 소리 내어 읽습니다.
영어는 마음속에 담아두기 위해 배우는 언어가 아닙니다.
마음껏 소리치면서 읽으세요!
단, 전철이나 버스 같은 대중교통에서 책을 읽으시는 분들은
주위 사람들에게 피해가 가지 않게 특별히 조심해 주세요!

★주로 대중교통을 이용하는 영춘선생이 이 책을 들고 다니시는 분을 뵙게 되면
 친필 싸인을 즉시 제공하겠습니다.

Review

→ 014

I think those men like you

038 ←

That is a very good idea!

→ 025

Which do you think is better?

039 ←

Did you read the morning paper?

→ 037

Let us go to my house

049 ←

Where did you get that idea?

→ 051

My father will come here today

011 ←

That is really great to hear!

→ 004

Does he know where you live?

029 ←

Did you park the car there?

→ 010

My parents gave me some money

042 ←

Do not talk to my mother

→ 092

071 ←

I want you to do something

Can you help me answer this?

→ 060

076 ←

I wanted to call her today

I will go to school later

→ 070

082 ←

I am short of money now

What did you do last night?

→ 083

I took a rest at home

094 ←

I could not remember my teacher

→ 084

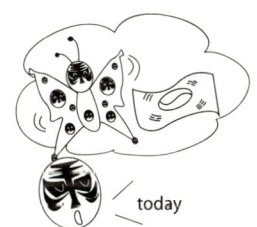

I will fly to Korea today

101 ←

Did you hear what she said?

→ 089

You are very kind to me

108 ←

You are such a good man

→ 109

What do you want to know?

133 ←

I really like your best friend!

→ 110

Do you like me to go?

134 ←

There is something different about you

→ 115

How can you be so sure?

147 ←

Can you give me a break?

→ 126

She gave her a funny look

154 ←

I have to tell you something

→ 143

I must go home before seven

156 ←

What time will you be home?

→ 148

She really wanted to see you

161 ←

I will call you back later

→ 164 | 183 ←

I really have to go now

When can I see your family?

→ 177 | 193 ←

Her best friend is very intelligent

Have you thought about my idea?

→ 182 | 194 ←

Do you still remember my name?

I want to speak with him

→ 168 | 203 ←

I do not like his idea

He spoke like a good man

→ 197 | 208 ←

Do you feel a little cold?

I had a great day today

→ 202 | 101 ←

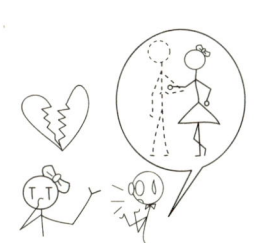

Did you break up with him?

Did you hear what she said?

 The house is near the sea	 I want to live in Korea
 I want to have more money	 My best friend is very funny
 I love my mother so much	 Do you remember the funny boy?

→ 261

Why do you look blue today?

239 ←

I brought food for the children

→ 222

Do not go over the line!

251 ←

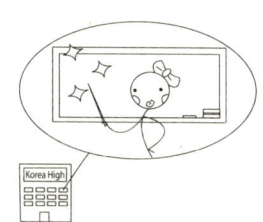

My new teacher is too young

→ 232

How do you go to school?

263 ←

Are you ready to go inside?